趙爾巽等撰

清史稿

第一七册

卷一六一至卷一六二(表)

中華書局

清史稿卷一百六十一

表一

皇子世表一

自周室衆建同姓，穆屬維城；炎漢以降，帝王之子，靡不錫以王爵。考帝繫者，於以見親親之誼焉。清初封爵之制，未嘗釐定，武功、慧哲、宣獻諸王，皆以功績而獲崇封。崇德元年，定九等爵。順治六年，復定爲親、郡王至奉恩將軍凡十二等，有功封，有恩封，有考封。惟睿、禮、鄭、豫、肅、莊、克勤、順承八王，以佐命殊勳，世襲罔替。其他親、郡王，則世降一等，有至鎮國公、輔國公而仍延世賞者。若以旁支分封，則降至奉恩將軍，迨世次已盡，不復承襲。蓋自景祖以上子孫謂之「覺羅」，與顯祖以下子孫謂之「宗室」者，親疏攸別，爵秩亦殊，數傳而後，僅得子、男。原夫錫爵之本意，酬庸爲上，展親次之，故有皇子而僅封貝勒、貝子、公者。揆諸前禩，至謹極嚴。雍正後，惟怡賢親王以公忠體國，恭忠親王以贊襄大政，醇賢親王以德宗本生考，皆世襲罔替。至末年，而慶親王奕劻乃亦膺茲懋賞矣。自餘宗潢繁衍，非國有大慶，不得恩封；非嫻習騎射，不得考封。而入關二百餘年，習尚文勝，無復開國勇健之風，每屆歲終，與於選者益尠。此盛衰强弱之原歟？今自肇祖以下子孫，列爲世表，本諸瑤牒，支別派分。其不列於十二等之封者，謂之「閒散宗室」，則從略焉。作皇子世表。

肇祖系

充善 肇祖第一子。	
妥羅 充善第一子。無嗣。	妥義謨 充善第二子。無

嗣。

錫寶齊篇古 充善第三子。

褚晏 肇祖第二子。早卒。

興祖系

德世庫 興祖第

尼揚古 德世庫

庫爾喀 尼揚古

布三 庫爾喀子。

布祜 布三子。封三等

額訥布 布祜子。

一子。	劉闌 興祖第二子。	索長阿 興祖第三子。	包朗阿 興祖第五子。
子。		務泰 索長阿子。	郎騰 包朗阿子。
子。		僧額 務泰子。	伯林 郎騰子。
		翁阿岱 僧額子。	拜三 伯林子。封三等男。
男。		阿克善 翁阿岱子。	顧納岱 拜三子。封一等男。
封三等男。		塞克森 阿克善子。封二等男。	謨洛渾 顧納岱子。封一等子。
		巴彥德 塞克森子。封二等男。	

		機達席庫　郎騰子。
		穆成格　機達席庫子。封一等男。
顧巴岱　拜三子。		
席特庫　顧巴岱子。封一等子。		
舒祿　席特庫子。封一等子。		
伊靈阿　舒祿子。襲二等子。	瑪爾泰　舒祿子。	
	安崇阿　瑪爾泰子。	
	四寶　安崇阿子。封二等子。	

			德勒渾　機達席庫子。封二等男。	納泰　德勒渾子。封二等男。
寶實　興祖第六子。				

景祖系

禮敦巴圖魯　景祖第一子。崇	博伊和齊　禮敦巴圖魯第一子。天	塞勒　博伊和齊第一子。順治四年，封	額爾德　塞勒第三子。封一等子。	喇祜塔　額爾德第一子。康熙十

德元年，追封武功郡王。		
聰七年，卒。		
一等子。十四年，卒。諡勤愍。		阿賽 博伊和
康熙八年，革爵。尋襲二等子。十年，卒。		薩賽 阿賽第
年，襲二等子。二十三年，卒。	噶爾漢 額爾德子。康熙二十四年，襲二等子。三十四年，革爵。	

齊第六子。順治十六年，卒。

一子。封三等男。順治十七年，卒。

額爾袞

景祖第二子。順治十年，追封慧哲郡王。無嗣。

齋堪

景祖第三子。順

治十年，追封宣獻郡王。無嗣。

塔察篇古　景祖第五子。順治十年，追封恪恭貝勒。

祜爾哈齊　塔察篇古第一子。早卒。

阿世布　祜爾哈齊第二子。庚戌年，以罪賜自盡。

葉穆濟　阿世布第一子。順治元年，卒。

瓦爾瑪　葉穆濟第一子。順治七年，封三等男。九年，晉一等。十七年，卒。

蘇爾瑪　瓦爾瑪第二子。順治十七年，襲一等男。康熙二十二年，革爵。二十七年，

朗唐　蘇爾瑪子。康熙二十二年，襲一等男。緣事革爵。

佛英額　蘇爾瑪第三子。

卒。

康熙三十一年，襲瑪克蘇之一等男。乾隆元年，卒。

莽嘉
阿世布第五子。康熙二十五年，卒。

瑪克蘇
莽嘉第一子。康熙二十二年，襲朗唐之一等男。

三十七年，卒。無嗣。

薩克圖　莽嘉第三子。康熙十三年，陣亡。

舒淑　朗圖第二子，薩克圖嗣子。康熙三十二年，襲二等男。四十四年，卒。

朗圖　莽嘉第

五子。順治十八年，襲三等男。康熙三十二年，卒。

顯祖系

穆爾哈齊	顯祖第二子。初封誠毅貝勒。天命五年，卒。順治
達爾察	穆爾哈齊第二子。天命九年，卒。順治十年，追封
穆青	達爾察第四子。順治二年，封奉恩將軍。六年，晉三等輔
勒塞禮	穆青第四子。康熙八年，封三等奉國將軍。三十
達里祜	勒塞禮第六子。康熙四十三年，封奉恩將軍。雍
巴延布	達里祜第一子。雍正三年，封奉恩將軍。乾隆十
海存	巴延布第二子。乾隆十一年，襲奉恩將軍。三十四年，卒。
永登額	海存第一子。乾隆三十四年，襲奉恩將軍。五十
國祥	永登額第一子。乾隆五十年，襲奉恩將軍。道光十七年，
潤壽	國祥嗣子。道光十八年，襲奉恩將軍。二十八年，卒。

十年，追封多羅，諡曰勇壯。

輔國公，諡曰剛毅。

國將軍。八年，晉三等鎮國將軍，尋晉輔國公。康熙十二年，卒。諡曰慤厚。

六年，以西路昭莫多軍功，晉二等。

正八年，革退。

達里伯　勒塞禮第七子。康熙五十年，封奉恩將

一年，因病告退。

海誠　達里伯第二子。雍正四年，襲奉恩將軍。乾隆三

特恆額　海誠第六子。乾隆三十六年，襲奉恩將

年，卒。

卒。

連華　國祥嗣子。道光二十八年，襲奉恩將軍。光緒十一年，卒。

札朗阿　連華嗣子。光緒十六年，襲奉恩將軍。

軍。雍正三年，卒。		赫勒布 勒塞禮第九子。康熙四
十六年，因病告退。五十四年，卒。		巴啓納 赫勒布第二子。乾隆十
軍。三十七年，卒。	圭達杭阿 海誠第七子。乾隆三十七年，襲奉恩將軍。尋卒。	天師保 巴啓納第一子。乾隆二
		長永 天師保第二子。乾隆五十一年，

十七年，封奉恩將軍。乾隆十八年，卒。	達里珠　勒塞禮第十子。康熙四十九年，封奉恩將軍。乾隆六年，卒。	
八年，襲奉恩將軍。二十四年，卒。	成岱　達里珠第一子。雍正十三年，封奉恩將軍。乾隆二十二年，因病告退。	
十四年，襲奉恩將軍。五十一年，卒。	清岱　成岱第二子。乾隆二十三年，襲奉恩將軍。五十二年，卒。	喀勒充阿
襲奉恩將軍。嘉慶三年卒。無嗣。		

成岱第四子。乾隆五十二年，襲奉恩將軍。嘉慶六年，因病告退。

博奇屯

成岱第六子。嘉慶七年，襲奉恩將軍。十

安平阿

博奇屯第二子。嘉慶十四年，襲奉恩將

		長山勒塞禮第十一子。雍正三年，封
		八十六長山第三子。乾隆五年，
三年，因病告退。		仙聰八十六第三子。乾隆四十三年，
軍。道光元年，卒。	哈格博奇屯第四子。道光二年，襲奉恩將軍。光緒十五年，卒。	松桂仙聰第三子。嘉慶五年，襲奉恩

		務達
		托克
	德塞禮 穆青第八子。康熙十二年，襲三等奉國將軍。二十五年，卒。	當阿
奉恩將軍。乾隆四年，卒。	崇揚赫 德塞禮第一子。康熙二十五年，襲奉恩將軍。乾隆元年，卒。	
襲奉恩將軍。四十三年，卒。	巴延德 崇揚赫第一子。雍正三年，封奉恩將軍。乾隆四年，因病告退。	
襲奉恩將軍。嘉慶四年，卒。	善志 巴延德第二子。乾隆五年，襲奉恩將軍。五十年，卒。	
將軍。道光二十二年，卒。無嗣。	色克圖懇 善志子。	
	國柱 色克圖懇子。乾隆五十一年，襲奉恩將軍。嘉慶二年，卒。無嗣。	

海

穆爾哈齊第四子。崇德四年，封三等輔國將軍。順治二年，晉二等。四年，晉三等鎮國將軍。五年，晉貝子。十二年，

托慧

務達海第六子。順治六年，封三等輔國將軍。八年，晉鎮國公。康熙十二年，卒。諡曰純和。

賴

托克托慧第三子。康熙八年，封三等奉國將軍。二十七年，因病告退。無嗣。

卓隨

托克托慧第七子。康熙

卓善

卓隨第四子。康熙四十

寶月

卓善第四子。雍正十二

卒。諡曰襄敏。

十二年，封三等奉國將軍。四十九年，卒。

三年，封奉恩將軍。雍正十二年，因病革退。

年，襲奉恩將軍。乾隆三十一年，卒。不准承襲。

揚福

托克托慧第八子。康熙十八年，封三等奉國將軍。五十四年，襲

三官保

揚福第四子。康熙五十二年，封奉國將軍。五十五年，襲

	不入八分鎭國公。尋卒。諡曰襄毅。
嵩阿禮　揚福第八子。雍正三年，封三等鎭國將軍。乾隆十九年，緣事革退。	不入八分鎭國公。六十一年，卒。
素爾登額　嵩阿禮第二子。乾隆九年，封輔國將軍。二十一年，卒。	
愛新德　素爾登額第二子。乾隆二十一年，襲奉國將軍。二十三年，卒。無嗣。	

噶爾瑪 揚福第十一子。雍正二年，襲鎮國將軍。三年，卒。	德爾登額 噶爾瑪子。雍正四年，襲輔國將軍。乾隆四十年，緣事革退。
富爾嵩阿 揚福第十六子。雍正七	魁文 富爾嵩阿第三子。乾隆二十一

年，封三等鎮國將軍。二十八年，緣事革退。

年，封一等奉國將軍。三十二年，緣事革退。

宗泰　富爾嵩阿第四子。乾隆二十一年，封奉國將軍。三十五年，卒。

義和　禮　宗泰第一子。乾隆三十五年，襲奉恩將軍。嘉慶二十四

		莽顧賚 揚福第
	英善 富爾嵩阿第五子。乾隆二十一年，封三等奉國將軍。嘉慶三年，卒。	來齡 莽顧賚第六子。
年，卒。無嗣。	伊昌阿 英善第一子。乾隆六十年，封奉恩將軍。咸豐二年，卒。	新瑞 來齡胞弟來義
	錫祜 伊昌阿第一子。咸豐三年，襲奉恩將軍。同治二年，緣事革退。	

十七子。乾隆四十年，襲三等奉國將軍。五十年，卒。	
乾隆五十一年，襲奉恩將軍。嘉慶十一年，緣事革退。	
之子。嘉慶十一年，襲奉恩將軍。十五年，因病告退。	恭耀　來齡堂姪。嘉慶二十二年，封奉恩將軍。道光十六年，卒。
	福芬　恭耀嗣子。道光十六年，封奉恩將軍。咸豐元年，卒。
	瑞和　福芬第一子。咸豐元年，封奉恩將軍。光緒三年，卒。
	延慶　瑞和第二子。光緒四年，襲奉恩將軍。

	漢岱　穆爾哈齊第五子。順治
	海蘭　漢岱第一子。順治二年，
白努機　托克托慧第九子。康熙二十四年，封三等奉國將軍。雍正二年，卒。	哈爾薩　海蘭第一子。順
噶林　白努機第八子。雍正二年，襲奉恩將軍。乾隆三年，卒。	占泰　哈爾薩第二子。康熙十
阿朗阿　噶林嗣子。乾隆三年，襲奉恩將軍。三十三年，卒。	德克精額　占泰第九子。雍
和齊匡武　阿朗阿第一子。乾隆三十四年，襲奉恩將軍。道光二年，卒。	棟科諾　德克精額子。
伊里布　和齊匡武第二子。道光四年，封奉恩將軍。二十二年，卒。	明俊　棟科諾子。乾隆三十三
崇齡　伊里布第一子。道光二十二年，襲奉恩將軍。二十九年，緣事革退。	端明　明俊第二子。嘉慶七年，
盛寬　崇齡第一子。咸豐二年，襲奉恩將軍。光緒十五年，卒。	
斌瑄　盛寬第二子。光緒三十三年，襲奉恩將軍。	

元年，封三等鎮國將軍。四年，晉輔國公。八年，晉鎮國公。十一年，因罪革爵。十二年，封鎮國將軍品級。十三年，以罪革爵。		
封奉恩將軍。六年，晉三等輔國將軍。八年，晉輔國公。十二年，卒。諡曰慤厚。	席布	錫綸
治十年，封三等奉國將軍。康熙十九年，卒。	蘇爾	德宜
八年，封奉恩將軍。乾隆十二年，卒。	納蘇	圖
正四年，封奉恩將軍。乾隆三十三年，卒。	康武	利
年，襲奉恩將軍。嘉慶七年，卒。		
襲奉恩將軍。咸豐元年，卒。無嗣。		

漢岱第二子。順治六年，封三等輔國將軍。八年，晉輔國公。尋卒。諡曰悼敏。	
席布錫綸嗣子。順治十三年，封三等奉國將軍。康熙十七年，卒。	
蘇爾德宜第四子。康熙十七年，封奉恩將軍。三十四年，卒。	納拉泰 蘇爾德宜第六子。康熙十七年，襲奉恩
納蘇圖第一子。康熙三十五年，襲奉恩將軍。雍正二年，卒。無嗣。	

	嵩布圖　漢岱第三子。順治六年，封三等輔國公。八年，晉輔國公。尋卒。謚曰懷恩。
	錫立渾　嵩布圖第一子。順治九年，封奉恩將軍。康熙九年，晉三等奉國將軍。十七年，
將軍。十九年，卒。無嗣。	天祥　錫立渾第二子。康熙二十五年，封奉恩將軍。五十八年，卒。
	霄格　天祥第五子。康熙五十八年，襲奉恩將軍。乾隆九年，卒。
	慶善　霄格第一子。乾隆十一年，襲奉恩將軍。四十三年，因病告退。
	顯齡　慶善第一子。乾隆四十三年，襲奉恩將軍。嘉慶二十一年，因病告退。
	夢麟　顯齡第一子。嘉慶二十一年，襲奉恩將軍。道光十年，緣事革退。

		塔海 穆爾哈齊第七
		台穆布祿 塔海第
因病告退。	務立渾 嵩布圖第二子。康熙二年，封三等奉國將軍。十二年，卒。無嗣。	滿珠錫禮 台穆布
		善海 滿珠錫禮第三
		薩穆達 善海第
		素松額 薩穆達
		諾爾耕額 素松額
		崇豐 諾爾耕額子。道

子。順治二年，封奉恩將軍。八年，晉輔國公。康熙四年，卒。	
二子。順治十五年，封三等輔國將軍。康熙二十五年，卒。	
祿第二子。康熙二十五年，襲三等奉國將軍。乾隆八年，卒。	塞爾赫 台穆布祿第四子。康熙三十六年，封奉
子。乾隆三年，襲奉恩將軍。二十八年，卒。	鄂洛順 塞爾赫第四子。雍正十二年，封奉恩將
一子。乾隆二十二年，封奉恩將軍。二十八年，卒。	德音泰 鄂洛順第二子。乾隆三十三年，襲奉恩
第一子。乾隆二十八年，襲奉恩將軍。道光十一年，卒。	保興 德音泰第一子。乾隆五十八年，襲奉恩將軍。五
子。	
光十二年，襲奉恩將軍。咸豐五年，卒。	

	德楞 塔海第四子。康熙四年，封三等輔國將軍。四十年，卒。	
國將軍。乾隆十二年，卒。	額爾赫布 德楞第一子。康熙二十三年，封三等奉國將軍。五十二年，卒。無嗣。	瑪勇
軍。乾隆三十三年，卒。		常山
將軍。五十八年，卒。		誠實
十九年，卒。無嗣。		福昇
		邦英

德楞第二子。康熙二十四年，封三等奉國將軍。雍正十二年，卒。	訥爾特宜 德楞第五子。康熙三十三年，封
保 瑪勇第五子。雍正十二年，襲奉恩將軍。乾隆三十六年，卒。	
常山保 第一子。乾隆三十六年，襲奉恩將軍。嘉慶二十五年，告退。	
誠實子。	
福昇子。嘉慶二十五年，襲奉恩將軍。道光二十四年，卒。襲次已盡，不襲。	

	祜世塔 穆爾哈齊第九子。順治二年，封奉恩將軍。八年，晉輔國公。康熙二年，卒。
	祜世布 祜世塔第一子。順治六年，封三等輔國將軍。八年，晉三等鎮國將軍。康
奉恩將軍。五十六年，卒。無嗣。	滿達 祜世布第二子。康熙九年，襲三等奉國將軍。四十六年，卒。
	八十三 滿達第四子。康熙四十六年，襲奉恩將軍。雍正四年，緣事革退。

熙九年，卒。

蘇赫　祜世塔第二子。順治八年，封三等鎮國將軍。十二年，卒。諡曰懷思。無嗣。

伊尚阿　祜世塔

錫布　伊尚阿第二子。

錫通額　錫布第

第四子。順治十八年，封三等輔國將軍。康熙八年，卒。	
康熙九年，襲三等奉國將軍。雍正十三年，休致。	
十子。乾隆元年，襲奉恩將軍。十年，卒。無嗣。	慶泰 阿錫布第十二子。乾隆十一年，襲奉恩將軍。三十七年，緣
	定祿 伊尚阿之曾孫，同泰之子。乾隆三十七年，襲慶泰阿之奉恩將
	揚慶 定祿第四子。乾隆四十一年，襲奉恩將軍。五十七年，卒。
	續文 揚慶第二子。乾隆五十七年，襲奉恩將軍。道光十七年，卒。
	誠敬 續文子。道光十七年，襲奉恩將軍。光緒二十一年，卒。
	煜勳 誠敬子。
	恩銘 煜勳子。光緒二十二年，襲奉恩將軍。三十一年，卒。
	崇俊 恩銘第一子，光緒三十二年，襲奉恩將軍。

	喇世塔　穆爾哈齊第十子。順治二年，封奉恩將軍。八年，封輔國公。十七年，卒。諡曰恪僖。	
	喇克達　喇世塔第一子。順治十五年，封三等輔國將軍。康熙三十二年，卒。	
	敬德　喇克達第一子。康熙十一年，封三等奉恩將軍。四十七年，卒。	雍占　喇克達第二子。
事革退。	班進泰　敬德第二子。康熙三十四年，封奉恩將軍。雍正七年，因病告退。	琳康　雍占第三子。康
軍。四十一年，卒。	增誠　班進泰第二子。雍正七年，襲奉恩將軍。乾隆三十五年，卒。	武興　琳康第一子。雍
	德良阿　增誠第二子。乾隆二十一年，封奉恩將軍。五十四年，卒。	果爾明阿　武興第
	連祿　德良阿第一子。乾隆五十四年，襲奉恩將軍。道光二年，卒。	祿哈布禮　果爾明
	色和洪額　連祿第二子。道光二年，襲奉恩將軍。同治十三年，卒。	色炳額　祿哈布
	英山　色和洪額第三子。同治九年，襲奉恩將軍。光緒三十年，卒。	景年　色炳額第二子。
	桂芳　英山第一子。光緒三十年，襲奉恩將軍。	明恩　景年第四子。
		春煦　明恩子。同治十
		隆譽　春煦第一子。光

康熙二十二年，封三等奉國將軍。三十三年，卒。	
熙三十三年，襲奉恩將軍。乾隆二十四年，卒。	琳安 雍占第六子。雍正三年，封奉恩將軍。乾隆十一
正十三年，封奉恩將軍。乾隆二十年，因病告退。	碩安 琳安第一子。乾隆十二年，襲奉恩將軍。二十五
二子。乾隆二十年，襲奉恩將軍。三十四年，因病告退。	祿增 碩安第一子。乾隆二十五年，襲奉恩將軍。嘉慶
阿第一子。乾隆三十四年，襲奉恩將軍。四十四年，卒。	廉聰 祿增第一子。嘉慶八年，襲奉恩將軍。道光元年，
禮第一子。乾隆四十五年，襲奉恩將軍。嘉慶二十一年，卒。	成福 廉聰第二子。道光元年，襲奉恩將軍。十七年，緣
嘉慶二十二年，襲奉恩將軍。同治五年，卒。	
二年，襲奉恩將軍。光緒二十六年，卒。	
緒三十三年，襲奉恩將軍。	

年，卒。

年，卒。

八年，卒。

卒。

事革退。

舒爾哈齊 顯祖第三子。初封貝勒，以軍功賜號達爾漢巴圖魯。辛亥年，薨。順治十年，追贈親王，諡曰莊。

阿敏 舒爾哈齊第二子。天命元年，封和碩貝勒。天聰四年，以罪削爵。

宏科泰 阿敏第一子。

塞克圖 宏科泰第一子。順治八年，封三等輔國將軍。十一年，卒。諡曰懷儀。無嗣。

塞勒伯 宏科泰

舒特 塞勒伯第一子。

第二子。順治八年，封三等輔國將軍。十一年，卒。謚曰懷儀。

順治十二年，襲奉國將軍。十八年，卒。無嗣。

都爾伯

宏科泰第三子。順治八年，封三等輔國

	固爾瑪渾　阿愍第三子。崇德四年，封輔國公。尋因父獲罪革爵。順治五年，復封輔	
將軍。十五年，卒。謚曰愨厚。無嗣。	瑪爾圖　固爾瑪渾第一子。順治六年，封鎮國公。十五年，卒。謚曰懷恩。	
	索斐　瑪爾圖第一子。康熙二年，封三等奉國將軍。三十六年，以西路昭莫多軍功晉	
	恩特赫默　索斐第四子。康熙三十七年，襲奉恩將軍。雍正四年，卒。	富清
	色克　恩特赫默第五子。雍正四年，襲奉恩將軍。乾隆二十六年，因病告退。	福康
	德茂　色克第一子。乾隆三十六年，襲奉恩將軍。四十九年，卒。無嗣。	

國公。六年，晉貝子。康熙二十年，卒。謚曰溫簡。

二等。三十七年，卒。

索斐第五子。康熙四十二年，封奉恩將軍。雍正十三年，卒。

綬海
索斐第七子。康熙五十年，封奉恩將軍。乾隆八

富清第二子。雍正六年，封奉恩將軍。乾隆八年，卒。無嗣。

壽德
綬海第一子。乾隆三年，封奉恩將軍。八年，卒。無

		鄂斐　瑪爾圖子。康熙
年，卒。		鄂齊　鄂斐第五子。康
嗣。	多齡阿　綏海第三子。乾隆八年，襲奉恩將軍。嘉慶元年，卒。	
	德禮琫額　多齡阿第一子。嘉慶元年，襲奉恩將軍。十六年，卒。襲次已盡，不襲。	

僧額 固爾瑪	
斡額 僧額第	六年，封三等奉國將軍。四十六年，襲堂弟齊克塔爾之輔國公爵。五十四年，卒。
	熙三十八年，封奉恩將軍。四十八年，緣事革退。雍正四年，襲輔國公。五年，晉鎮國公。六年，緣事革退。

渾第二子。順治六年，封鎮國公。十五年，卒。諡曰懷愍。

一子。順治十五年，襲奉恩將軍。康熙四年，卒。無嗣。

瑪三 固爾瑪渾第三子。順治六年，封鎮國公。十四年，卒。諡曰

懷儀。無嗣。	瓦三 固爾瑪渾第四子。康熙四年，封三等輔國將軍。二十年，襲輔國公。二十四年，卒。諡曰襄敏。	
	齊克塔哈 瓦三第二子。康熙二十五年，封輔國公。四十六年，緣事革退。	伊克塔哈 瓦三第
		雙麟 伊克塔哈第四
		亨興 雙麟第一子。乾

三子。康熙三十九年，封三等鎮國將軍。雍正十二年，卒。	
子。雍正十二年，襲輔國將軍。乾隆十五年，卒。	寶麟 伊克塔哈第五子。乾隆三年，封奉國將軍。十七年，卒。
隆十六年，襲奉國將軍。四十四年，卒。無嗣。	和中額 寶麟第一子。乾隆十七年，襲奉恩將軍。五十三年，卒。
	喀爾崇義 和中額第一子。乾隆五十年，封奉恩將軍。道光二十二
	奎朗 喀爾崇義第一子。嘉慶二十年，襲奉恩將軍。同治元年，緣事革

	平麟 伊克塔哈第六子。乾隆三年，封奉國將軍。二十二年，卒。	杭麟 伊克塔哈第十子。乾隆十一年，
	果明額 平麟第一子。乾隆二十二年，襲奉恩將軍。嘉慶九年，卒。	
年，卒。	景鳳 果明額第一子。嘉慶九年，襲奉恩將軍。道光十二年，卒。	
退。	英秀 景鳳第一子。道光十二年，襲奉恩將軍。同治元年，緣事革退。	

扎三　固爾瑪渾第五子。康熙十四年，封三等輔國將軍。三十三年，卒。諡曰敏恪。無嗣。

封奉國將軍。二十二年，卒。無嗣。

	恭阿 阿慜第四子。順治六年，
薩三 固爾瑪渾第七子。康熙二十一年，封三等輔國將軍。五十四年，緣事革退。	法塞 恭阿子。順治八年，襲輔
	阿裕爾 法塞第二子。康
	德塞勒 阿裕爾子。
	蘇赫訥 德塞勒子。康熙

封鎮國公。尋卒。	
國公。康熙四十九年，卒。	
熙二十年，封三等輔國將軍。四十九年，改襲三等奉國將軍。五十八年，卒。	鄂岳法塞第三子。康熙二十三年，封三等奉
	多福鄂岳第一子。康熙四十九年，封奉恩將
五十八年，襲奉恩將軍。雍正二年，卒。無嗣。	

國將軍。乾隆二年，卒。

軍。五十五年，緣事革退。乾隆二年，襲奉恩將軍。十一年，卒。無嗣。

阿哈尼

法塞第四子。康熙二十四年，封二等奉國將軍。

五十九

阿哈尼第三子。雍正三年，襲奉恩將軍。乾隆二

和隆武

五十九第四子。乾隆二十四年，襲奉恩將軍。五

		果蓋 阿愍第
		塞祜 德
雍正二年，卒。	安圖 法塞第十子。康熙四十二年，封奉恩將軍。雍正四年，卒。	塞赫 禮
十三年，因病告退。	阿爾金 安圖第一子。雍正六年，襲奉恩將軍。乾隆十七年，卒。	熙成 塞赫禮
十七年，卒。無嗣。	亨霖 阿爾金第一子。乾隆十七年，襲奉恩將軍。五十年，卒。	成翰 熙成第
	榮善 亨霖第四子。乾隆五十二年，襲奉恩將軍。嘉慶二十三年，緣事革退。	明凱 成翰第

五子。順治六年，封三等鎮國將軍。八年，晉鎮國公。十七年，卒。諡曰端純。	
果蓋第三子。順治十八年，封三等輔國將軍。康熙三十六年，卒。	
塞祜德第一子。康熙二十四年，封奉國將軍。雍正六年，卒。	雅鼐 塞祜德第三子。康熙二十六年，封三等奉國將
第八子。雍正十二年，襲奉恩將軍。乾隆十八年，因病告退。	
一子。乾隆十八年，襲奉恩將軍。四十一年，因病告退。	
一子。乾隆四十一年，襲奉恩將軍。五十二年，卒。無嗣。	

	果賴 阿愍第六子。順治六年，封三等鎮國將軍。八年，晉鎮國公。十月，卒。	
	翁武 果賴第一子。順治九年，襲輔國公。十四年，卒。諡曰懷思。無嗣。	薩克新
軍。三十七年，因病告退。無嗣。		漢章阿
		祥彥 漢章阿
		連英 祥彥第

	扎薩克圖 舒爾哈齊第三子。
	扎克納 扎薩克圖第二子。崇德四年，封
果賴嗣子。康熙十一年，封三等輔國將軍。雍正十二年，因病告退。	瑪喀納 扎克納第五子。康熙四年，襲三
薩克新第九子。雍正十二年，襲奉國將軍。乾隆二十年，因病告退。	瑪稷 瑪喀納子。
第一子。乾隆二十九年，襲奉恩將軍。嘉慶元年，卒。	瑪尙阿 瑪稷子。雍正十一年，襲奉國將
一子。乾隆五十三年，襲奉恩將軍。嘉慶十七年，緣事革退。	英祿 瑪尙阿第二子。乾隆十四年，襲奉恩將

鎮國公。尋緣事降輔國公。七年，以罪黜宗室。順治二年，復入宗室，封輔國公。六年，晉貝子。九年，以罪革爵。十四年，以軍
等鎮國將軍品級。四十三年，緣事革退。五十七年，卒。
軍。乾隆十四年，卒。
軍。四十年，卒。子福亨額，降襲雲騎尉。

	圖倫 舒爾哈齊第四子。甲寅年，卒。追封多羅貝勒。諡曰恪僖。
功授輔國公品級。十六年，卒於軍。	屯齊喀 圖倫第一子。崇德四年，封輔國公。順治元年，封貝子。五年，緣事
	溫齊哈 屯齊喀第一子。順治九年，封鎮國公。十五年，卒。諡曰懷思。
	滿度 溫齊哈第一子。順治十五年，襲輔國公。十七年，卒。諡曰懷思。無嗣。

屯齊 圖倫第二子。崇德四年，封輔國公。順治元年，晉貝子。六	降鎮國公。六年，復封貝子。十四年，緣事革爵，無襲。
溫齊 屯齊第一子。順治六年，封貝子。康熙十六年，降輔國公。	
額爾圖 溫齊第二子。康熙七年，封鎮國公。五十七年，卒。	
愛音圖 額爾圖第一子。康熙二十六年，封三等輔國將	
吉存 愛音圖第七子。雍正六年，封三等輔國將軍。乾隆七年，	
特通額 吉存第一子。乾隆十二年，襲輔國公。三十四年，	
英盛額 特通額第一子。乾隆三十五年，襲輔國公。四十	

年，晉貝勒。九年，緣事革爵。十二年，授鎮國公品級。尋封鎮國公。康熙二年，卒。	
十八年，緣事革退。	
軍。四十六年，緣事革退。五十八年，襲輔國公。乾隆六年，卒。諡曰敦勤。	
襲輔國公。十二年，卒。諡曰勤僖。	
卒。	達明阿 吉存第三子。乾隆三十年，封三等奉國將軍。五十年，因
九年，降不入八分輔國公。五十七年，卒。無嗣。	英章阿 達明阿第一子。乾隆五十年，襲奉恩將軍。嘉慶十五年，
	英隆 英章阿第一子。嘉慶十六年，襲奉恩將軍。咸豐八年，休致。
	崇芳 英隆第一子。咸豐十年，襲奉恩將軍。同治四年，緣事革退。

	賽音圖　額爾圖第二子。康熙三十四年，封三等輔國將軍。五十年，卒。	訥音
	東海　賽音圖第一子。康熙五十年，襲奉國將軍。乾隆九年，卒。	
病告退。五十五年，卒。	楊森　東海第七子。乾隆九年，襲奉恩將軍。嘉慶十一年，休致。	
卒。	廷伯　楊森第一子。嘉慶十一年，襲奉恩將軍。二十一年，卒。	
	貴當阿　廷伯第一子。嘉慶二十二年，襲奉恩將軍。道光二十二年，卒。無嗣。	

	塞桑武 舒爾哈齊第五子。天命
	洛托 塞桑武子。崇德元年，封貝子。七
	琶帕 洛托第一子。順治九年，封三等
	揚岱 琶帕子。順治十五年，襲三等奉
圖 額爾圖第三子。康熙三十八年，封輔國將軍。五十五年，緣事革退。	威範 揚岱子。康熙十七年，襲奉恩將

十年，卒。追封多羅貝勒，諡曰和惠。	
年，緣事革爵。順治八年，封三等鎮國將軍。十六年，晉一等。康熙四年，卒。	
輔國將軍。十五年，卒。諡曰懷愍。	巴克均　洛托第二子。順治九年，封三等輔國將軍。十五年，卒。諡曰懷思。
國將軍。康熙十五年，卒。	伯爾圖　巴克均第二子。順治十年，襲三等奉國將軍。康熙十六年，卒。無嗣。
軍。四十三年，緣事革退。	

濟爾 哈朗 舒爾哈

富爾 敦 濟爾哈

富達 禮 洛托第七子。康熙四年，襲奉國將軍。八年，晉輔國將軍。二十五年，緣事革退。

齊第六子。初封貝勒。崇德元年，以軍功晉鄭親王。順治元年，加封信義輔政叔王。五年，緣事降郡王。旋復親王爵。九年，	
朗第一子。封世子。順治八年，卒。謚曰慤厚。	濟度 濟爾哈朗第二子。順治八年，封簡郡王。尋封世子。十四年，襲和
	墨美 濟度第一子。康熙五年，封三等輔國將軍。二十二年，緣事革退。
	拜塞 墨美第一子。康熙二十一年，封三等輔國將軍。三十二年，卒。
	瑪富塔 拜塞第一子。康熙三十三年，襲奉恩將軍。五十四年，卒。

加封叔鄭親王。十二年，薨。謚曰獻。乾隆四十三年，以佐命殊功，配享太廟。

碩親王，仍號曰簡。十七年，薨。謚曰純。

無嗣。

喇布

濟度第二子。康熙七年，封三等輔國將軍。九年，襲簡親王。二十年，薨。二十二年，緣事追削王爵。

德塞

濟度第三子。順治十八年，襲簡親王。康熙九年，薨。謚曰惠。無嗣。	雅布　濟度第五子。康熙十一年，封三等輔國將軍。二
	雅爾江阿　雅布第一子。康熙三十六年，封世子。四
	永謙　雅爾江阿第三子。雍正三年，封鎮國公。四年，緣

十二年，襲簡親王。四十年，薨。謚曰修。

十一年，襲簡親王。雍正四年，緣事革爵。

事革退。

永煥 雅爾江阿第五子。雍正三年，封一等鎮國將軍。乾隆六年，卒。

儀啓 永煥第二子。乾隆十年，襲一等輔國將軍。十八年，卒。

林輝 儀啓第一子。乾隆十九年，襲奉國將軍。四十四年，卒。

連輝 儀啓第二子。乾隆三十

金福 林輝第一子。乾隆四十四年，襲奉恩將軍。嘉慶十七年，緣事革退。

	永敘　雅爾江阿第六子。雍正三年，封三等輔國將軍。乾隆十二年，卒。	
	儀常　永敘第四子。乾隆十二年，襲奉國將軍。嘉慶二年，卒。	
五年，封奉恩將軍。三十六年，卒。無嗣。	訥伊勒　儀常第一子。乾隆四十二年，封奉恩將軍。嘉慶七年，卒。	訥伊
	多羅鑾　訥伊勒第一子。嘉慶七年，襲奉恩將軍。道光十三年，卒。	福祿
	瑞慶　多羅鑾第一子。道光十三年，襲奉恩將軍。二十八年，卒。無嗣。	桂林

	阿扎 蘭 雅布第三子。康熙四十一年，封
格 儀常第三子。乾隆五十五年，封奉恩將軍。嘉慶十三年，卒。	
堪 訥伊格第一子。嘉慶十三年，襲奉恩將軍。道光二十三年，卒。	
福祿堪 第一子。道光二十三年，襲奉恩將軍。光緒元年，卒。無嗣。	

三等輔國將軍。四十六年，因病告退。

實格 雅布第五子。康熙四十三年，封三等奉國將軍。五十四年，卒。無嗣。

敬順 雅布第六子。康熙四十五年，封鎮國公。五十五年，緣事降一等鎮國將軍。乾隆九年，卒。	巴祿 雅布第七子。康
長興 敬順第二子。乾隆九年，襲一等輔國將軍。二十三年，卒。	鼐綏 巴祿第一子。康
舒賢 長興第三子。乾隆二十三年，襲奉恩將軍。三十年，因病告退。	
重厚 舒賢第一子。乾隆三十年，襲奉恩將軍。五十三年，卒。	
嘉瑞 重厚第一子。乾隆六十年，襲奉恩將軍。嘉慶二十二年，因病告退。	
繼信 嘉瑞第三子。道光十二年，襲奉恩將軍。同治二年，緣事革退。	

	熙四十六年，封三等輔國將軍。四十八年，卒。
	熙四十九年，襲三等奉國將軍。五十五年，卒。無嗣。

理盛額	雅布第八子。康熙四十七年，封三等奉國將軍。
德綸泰	理盛額子。康熙五十一年。襲奉恩將軍。雍正六

五十一年，卒。

年，卒。無嗣。

揚桑阿 雅布第九子。康熙四十九年，封鎮國公。五十五年，緣事降一等鎮國將軍。乾隆四年，緣

事革退。	武格　雅布第九子。康熙五十年，封三等奉國將軍。雍正九年，卒。	忠保　雅布第十一子。康熙五十三年，
	牟尼保　武格第四子。雍正九年，襲奉恩將軍。乾隆十八年，卒。	
	舒爾金　牟尼保第一子。乾隆十八年，襲奉恩將軍。二十七年，卒。	
	廉桂　舒爾金第一子。乾隆三十七年。襲奉恩將軍。道光四年，卒。	
	祥瑞　廉桂第二子。道光五年，襲奉恩將軍。咸豐五年，卒。無嗣。	

封三等輔國將軍。乾隆十九年，卒。無嗣。

敬儼

雅布第十三子。康熙五十三年，封一等鎮國將軍。雍正四年，緣事革退。

勒度	
神保住	雅布第十四子。康熙五十五年，封一等鎮國將軍。雍正四年，襲簡親王。乾隆十三年，緣事革退。

濟爾哈朗第三子。順治八年，封敏郡王。十二年，薨。謚曰簡。無嗣。	巴爾堪 濟爾哈朗第四子。順治十二年，封三等
	巴賽 巴爾堪第一子。康熙二十一年，封三等奉國將
	奇通阿 巴賽第一子。雍正四年，封三等輔國將
	豐納亨 奇通阿第一子。乾隆八年，封三等輔國
	積拉閔 豐納亨第一子。乾隆二十四年，封二等
	福珠齡阿 積拉閔第五子。乾隆四十二年，襲奉恩
	素博麟 福珠齡阿第一子。嘉慶十二年，襲奉恩
	長吉 素博麟第一子。道光二十八年，襲奉恩將軍。咸

輔國將軍。康熙七年，緣事降二等奉國將軍。八年，復封三等輔國將軍。十六年，緣事革退。十九年，卒。四十九年，追封三		
軍。雍正元年，襲不入八分輔國公。九年，陣亡。諡曰襄敏。乾隆十七年，追封簡親王。		
軍。九年，襲不入八分輔國公。乾隆十七年，襲德沛之簡親王爵。二十八年，薨。諡曰勤。		
將軍。二十八年，襲簡親王。四十年，薨。諡曰恪。		
奉恩將軍。四十二年，因病告退。	積哈納　豐納亨第二子。乾隆四十一年，襲簡親王。四十三年，以濟爾哈朗茂著	
將軍。嘉慶十二年，卒。	烏爾恭阿　積哈納第一子。乾隆五十九年，襲鄭親王。道光二十六年，薨。諡曰慎。	
將軍。道光二十七年，卒。	肅和　烏爾恭阿第二子。道光六年，封三等輔國將軍。十二年，卒。無嗣。	端華　烏爾恭
豐八年，緣事革退。		

等輔國將軍。雍正元年，追封不入八分輔國公。諡曰武襄。巴爾堪墓碑陰刻有乾隆十七年追封簡親王之號。

壯猷，仍復號鄭親王。十九年，薨。諡曰恭。

阿第三子。道光六年，封三等輔國將軍。二十六年，襲鄭親王。咸豐十一年，以罪革爵，賜自盡，降世爵爲不入八分輔國

公。	恩華 烏爾恭阿第五子。道光十三年，封輔國將軍。咸豐三年，以罪革退。四年，卒。	
	壽善 恩華第一子。道光三十年，封奉國將軍。同治十二年，卒。	
	增鑅 壽善第一子。同治七年，封奉恩將軍。光緒十七年，卒。無嗣。	增傑 壽善第二子。同治十一年，封奉
		賡麟 增傑第一子。光緒三十二年，襲

肅順 烏爾恭		
	嘉善 恩華第二子。道光三十年，封奉國將軍。光緒二十年，緣事革退。	
	增慧 嘉善第一子。同治十一年，封奉恩將軍。光緒三十一年，卒。	恩將軍。光緒三十一年，卒。
	續麟 增慧第一子。光緒三十二年，襲奉恩將軍。	奉恩將軍。

阿第六子。道光十六年，封三等輔國將軍。咸豐十一年，以罪革職處死。

惠略　烏爾恭阿第七子。道光十八年，封三等

寶善　惠略第二子。同治七年，襲奉國將軍。光

		愛仁 積哈納
輔國將軍。同治七年，卒。	寬略 烏爾恭阿第八子。道光二十四年，封三等輔國將軍。同治三年，卒。無嗣。	瑞至 愛仁第
緒二十三年，卒。無嗣。		戩穀 瑞至子。

第二子。嘉慶七年，封三等輔國將軍。道光七年，卒。	
一子。道光四年，封二等奉國將軍。二十五年，卒。	恩至　愛仁第三子。道光六年，封三等奉國將軍。咸豐七年，卒。
道光二十五年，襲奉恩將軍。光緒四年，卒。無嗣。	遐齡　恩至第一子。道光三十年，封奉恩將軍。光緒十三年，卒。無嗣。

遐昌 恩至第二子。道光三十年，封奉恩將軍。咸豐十一年，陣亡。無嗣。	遐康 恩至第三子。同治元年，封奉恩將軍。光

緒十二年，卒。無嗣。

遐亭　恩至第四子。同治三年，封奉恩將軍。光緒十六年，卒。無嗣。

廉至　愛仁第三子。道

耆徵　廉至第一子。同

	慶至 愛仁第四子。同治十年，襲鄭親王。光緒四年，薨。諡曰順。	光十二年，封三等奉國將軍。同治五年，卒。
樂泰	凱泰 慶至第二子。光緒四年，襲鄭親王。二十六年，薨。諡曰恪。	治三年，封奉恩將軍。宣統三年，卒。
	昭煦 凱泰子。光緒二十八年，襲鄭親王。	

	伊鏗額豐納亨第三子。乾隆四十九年，封三等鎮國將軍。嘉慶
慶至第三子。光緒二十三年，封鎮國將軍。	

十六年，革退。	葉鏗額 豐納亨第四子。乾隆五十四年，封一等奉國將軍。嘉慶十七年，卒。	
	興增額 葉鏗額第一子。嘉慶十七年，襲奉恩將軍。二十三年，卒。無嗣。	興林 葉鏗額第二子。
		英奎 興林第一子。道

						嘉慶十七年，封奉恩將軍。道光十九年，卒。	光二十年，襲奉恩將軍。同治二年，卒。無嗣。	
					伊彌揚阿豐納亨第七子。乾隆六十一年，封奉國將軍。嘉慶二十	松德伊彌揚阿第二子。嘉慶二十四年，襲奉恩將軍。道光二年，卒。		

	經納亨 奇通阿第四子。乾隆三十年，襲不入八分輔國公。四十年，卒。同治三年，追封鄭親王。	
三年，卒。	積拉堪 經納亨第一子。乾隆四十一年，襲不入八分輔國公。嘉慶十二年，緣事革退。	積忠額
		額勒沖額
		咸林 額勒沖

經納亨第二子。乾隆四十九年，封一等奉國將軍。六十年，卒。	伊豐額　經納亨第五子。乾隆五十四年，封二等
積忠額子。嘉慶元年，襲奉恩將軍。十五年，卒。	西朗阿　道光元年，襲不入八分輔國公。二十八
額第一子。嘉慶十六年，襲奉恩將軍。道光九年，卒。無嗣。	承志　西朗阿第三子。道光二十九年，襲不入八分輔
	岳齡　濟爾哈朗之八世孫，保彝之子。同治元年，襲不

奉國將軍。嘉慶十二年，襲不入八分輔國公。道光元年，卒。同治三年，追封鄭親王。

年，卒。同治三年，追封鄭親王。

國公。同治三年，襲鄭親王。十年，以罪革爵。

入八分輔國公。三年，以承志襲鄭親王，改襲承志之不入八分輔國公。五年，卒。

崇吉 奇通阿之五世孫，素博

聯寬 崇吉嗣子。光緒元年，襲

	阿爾蘇 巴爾堪第四子。康熙二十五年，
	德有 阿爾蘇第九子。雍正十一年，襲奉恩將
	靈通 德有第一子。乾隆十五年，襲奉恩將軍。
	恆課 靈通第一子。乾隆四十二年，襲奉恩將
	扎倫布 恆課第一子。嘉慶十六年，襲奉
通額之子。同治十一年，襲岳齡之不入八分輔國公。光緒元年，卒。	
不入八分輔國公。	

封奉國將軍。雍正十一年，卒。

軍。乾隆十五年，卒。

四十二年，卒。

軍。嘉慶十六年，卒。

恩將軍。同治九年，卒。襲次已盡，不襲。

輝蘭 濟爾哈朗第五子。順治十一年，封三等輔國將軍。康熙二十四年，緣事

革退。	固美　濟爾哈朗第七子。順治十六年，封輔國將軍。康熙三十二年，卒。無嗣。	武錫　濟爾哈朗第九子。康熙
		西克特恩　武錫第一子。康

六年，封三等輔國將軍。三十七年，因病告退。	
熙二十二年，封三等奉國將軍。四十一年，卒。無嗣。	西親 武錫第三子。康熙二十五年，封三等奉國將軍。五十七

	費揚武　舒爾哈齊第八子。崇德元年，封貝子。四年，緣事革爵。尋復封輔國公。八年，卒。順治十年，	
	尚善　費揚武第二子。順治元年，封輔國公。尋晉貝子。六年，封貝勒。十六年，緣事降貝子。康熙十一年，	
年，卒。無嗣。	門度　尚善第四子。康熙七年，封鎮國公。三十七年，緣事革退。尋封輔國公。雍正四年，因罪革爵。	
	準度　門度第三子。康熙三十四年，封三等鎮國將軍。雍正六年，卒。	
	都祥　準度第一子。雍正三年，封三等輔國將軍。乾隆三十一年，因病告退。	都俞　準度第二子。雍
	向順　都祥子。	裕喜　都俞第三子。乾
	德海　向順子。乾隆五十一年，襲奉恩將軍。五十四年，卒。無嗣。	

追封貝勒。謚曰靖定。乾隆十五年，因曾孫德沛襲簡親王，復追封簡親王。

復封貝勒。十七年，卒于軍。十九年，追革。

準保

門度第六子。康熙四十四年，封三等輔國將軍。雍正二年，緣事革退。

正三年，封三等輔國將軍。乾隆元年，卒。

隆元年，襲奉國將軍。三年，卒。無嗣。

古祿固　尚善第五子。康熙八年，封奉恩將軍。三十六年，晉奉國將軍。五十年，卒。

舒魯渾　古祿固第一子。康熙二十六年，封奉恩將軍。三十二年，卒。無嗣。

延都　古祿固第三子。康熙三十九年，

登柱　延都第二子。康熙五十七年，襲

封奉恩將軍。五十六年，卒。	履順 古祿固第五子。康熙三十九年，封奉恩將軍。乾隆十七年，卒。	
奉恩將軍。雍正十二年，卒。無嗣。	登布 履順第一子。雍正六年，封奉恩將軍。十二年，緣事革退。	登九 履順第七子。乾
		海英阿 登九第

隆十七年，襲奉恩將軍。二十八年，卒。

一子。乾隆二十八年，襲奉恩將軍。道光二年，卒。無嗣。

七十九

古祿固

第十一子。雍正六年，封奉恩將軍。八年，

		根度 尚善第六子。康
卒。無嗣。	履德 古祿固第十二子。雍正七年，封奉恩將軍。乾隆十三年，卒。	裕綬 根度第四子。雍
	德忒赫 履德第一子。乾隆十三年，襲奉恩將軍。四十六年，卒。	嵩椿 裕綬第六子。乾
	五訥錫 德忒赫第一子。乾隆四十一年，襲奉恩將軍。五十六年，卒。	景熠 嵩椿第一子。乾
	杭惠 五訥錫第一子。乾隆五十六年，襲奉恩將軍。道光二十六年，卒。襲次已盡，不襲。	

熙十一年，封鎮國將軍。三十七年，緣事革退。	
正四年，襲門度之輔國公爵。乾隆五年，卒。謚曰敏恪。	
隆六年，襲輔國公。六十年，卒。謚曰勤僖。	
隆三十年，封二等輔國將軍。五十七年，襲輔國公。嘉慶六年，緣事革退。	景煥 嵩椿第二子。嘉慶六年，追封輔國公。
	祿義 景煥子。嘉慶六年，襲輔國公。咸豐九年，
	恩弼 祿義嗣子。咸豐十年，襲輔國公。同治四
	榮頤 恩弼族弟桂香之子。同治四年，襲恩弼
	壽全 榮頤第一子。光緒六年，封二等輔國將

卒。

年，緣事革退。

之輔國公爵。光緒二十三年，卒。

軍。二十四年，襲輔國公。

鍾奇　尙善第九子。康熙十八年，封奉恩將軍。三十四年，卒。

尤奇　鍾奇第三子。康熙三十四年，襲奉恩將軍。雍正十年，卒。

綬祜　尤奇第一子。雍正六年，封奉恩將軍。十三年，緣事革退。

綬克　尤奇第五子。雍

正十年，襲奉恩將軍。乾隆十一年，卒。	綬全　尤奇第六子。乾隆十一年，襲奉恩將軍。二十三年，卒。	珠蘭泰
		靈嵩　珠蘭泰
		興達　靈嵩第

	傅喇塔 費揚武第四子。順治二年，封輔國公。六
	福善 傅喇塔第二子。康熙六年，封鎮國公。十七年，襲
	德瞻 福善第一子。康熙二十四年，封鎮國公。三十年，
尤奇第七子。乾隆二十三年，襲奉恩將軍。三十四年，卒。	
第一子。乾隆三十四年，襲奉恩將軍。五十一年，卒。	
一子。乾隆五十一年，襲奉恩將軍。道光十二年，緣事革退。	

年，晉貝子。十六年，緣事降輔國公。十八年，復封貝子。康熙五十年，卒於軍。謚曰惠獻。乾隆十五年，因孫德沛襲簡親王，

貝子。十九年，緣事革退。

緣事革退。

福存　傅喇塔第五子。康熙十七年，封鎮國公。二十年，襲貝子。三十九年，卒。乾隆十五年，追封

德普　福存第二子。康熙三十九年，襲鎮國公。雍正七年，卒。

恆魯　德普第一子。雍正七年，襲輔國公。乾隆三十年，卒。謚曰恭恪。

興兆　恆魯第二子。乾隆三十年，封二等輔國將軍。三十七年，襲輔國公。嘉慶四年，緣事革退。

成寬　興兆第一子。乾隆四十九年，封三等輔國將軍。嘉慶四年，襲輔國公。十二年，卒。

成秀

繼崑

續銘

奎瑛

追封爲簡親王。	
簡親王。	
興兆第三子。乾隆五十五年，封一等奉國將軍。嘉慶十二年，襲輔國公。十九年，卒。	
成秀第一子。嘉慶十九年，襲輔國公。咸豐二年，卒。	
繼崑第一子。咸豐二年，襲輔國公。同治十三年，卒。	續忠 繼崑第二子。咸豐十年，封奉恩將軍。光緒三十四年，卒。
續忠子，續銘嗣子。光緒元年，襲輔國公。	

繼峯　成秀第二子。道光九年，封二等輔國將軍。咸豐元年，卒。

興郡　恆魯第三子。乾隆三十五年，封輔國將軍。三十

成英　興郡子。乾隆五十七年，襲二等奉國將軍。道光

純齡　成英第一子。道光九年，封奉恩將軍。十八年，卒。

八年，卒。		興瑞 恆魯第四子。乾隆四十
二十八年，卒。		成謹 興瑞第一子。嘉慶四年，
無嗣。	純昭 成英第二子。道光十八年，襲奉恩將軍。咸豐三年，卒。無嗣。	

年，封一等奉恩將軍。嘉慶十九年，卒。

封奉恩將軍。十九年，卒。無嗣。

成章 興瑞第三子。嘉慶四年，封奉恩將軍。道光二年，卒。

恩隆 成章第五子。道光二年，襲奉恩將軍。八年，卒。無嗣。

成鈞 興瑞第四子。嘉

	恆質 德普第二子。乾隆十七年，封輔國將軍。十九年，因病告退。
	誠興 恆質第二子。乾隆十九年，襲奉國將軍。四十三年，因病告退。
慶十年，封奉恩將軍。十六年，卒。無嗣。	穆精阿 誠興子。乾隆四十六年，襲奉恩將軍。五十一年，卒。
	阿克色布庫 穆精阿第一子。乾隆五十二年，襲奉恩將軍。嘉慶二十
	文霖 阿克色布庫嗣子。道光十五年，襲奉恩將軍。同治八年，卒。襲次已盡，不

德沛　福存第八子。雍正十三年，封鎮國將軍。乾隆十二年，襲神保住之簡親王爵。十七年，薨。謚曰儀。無嗣。

四年，卒。

襲。

德全 福存第九子。康熙四十七年，封奉恩將軍。五十二年，卒。無嗣。

德延 福存第十子。康熙四十九年，封奉恩將

雅爾哈齊

努賽費揚武第六子。初封輔國公。順治六年，晉貝子。七年，卒。諡曰悼哀。

拉篤祜努賽第一子。順治八年，襲鎮國公。十七年，卒。諡曰端純。無嗣。

軍。五十三年，卒。無嗣。

顯祖第四子。無嗣。順治十年，追封通達郡王。十一年，以開創功配享太廟。

巴雅喇	顯祖第五子。以軍功賜
拜音圖	巴雅喇第二子。順治二

號篤義。天命八年，卒。順治十年，追封貝勒。謚曰剛果。
年，封一等鎮國將軍。四年，晉鎮國公。五年，晉貝子。六年，晉貝勒。九年，以罪削爵，黜宗室。嘉慶四年，復入宗室。

清史稿卷一百六十二

表二

皇子世表二

太祖系

褚英	太祖第一子。以軍功賜號洪巴圖魯。尋
杜度	褚英第一子。初封貝勒。崇德元年，以功
杜爾祜	杜度第一子。初封輔國公。崇德
敦達	杜爾祜第五子。順治十二年，襲貝子。康
普貴	敦達第一子。康熙十三年，襲鎮國公。雍
明保	普貴第三子。康熙四十九年，封三等鎮

封廣略貝勒。乙卯年，以罪賜死。		
封安平貝勒。七年，卒。		
七年，襲鎮國公。因罪革爵，黜宗室。順治二年，以功復宗室，封輔國公。八年，晉貝勒。十二年，卒。諡曰愨厚。		
熙十三年，卒。諡曰恪恭。		
正元年，因病告退。		
國將軍。雍正二年，緣事革退。	誠保 普貴第七子。雍正五年，封輔國公。乾隆十九年，卒。諡曰溫僖。	
	慶春 誠保第二子。乾隆二十年，襲輔國公。三十八年，卒。	
	恆頴 慶春第一子。乾隆三十八年，襲輔國公。道光元年，卒。	
	純福 恆頴第二子。追封輔國公。	
	崇錫 純福子。道光元年，襲輔國公。咸豐四年，卒。	
	端秀 崇錫第一子。咸豐四年，襲輔國公。光緒二年，卒。	
	德裕 端秀第一子。光緒十四年，封二等輔國將軍。	光裕 端秀第四子。光緒二年，
		廣壽 光裕子。光緒二十八年，

純惠 恆顯第四子。道光元年，封奉國將軍。同治七年，	
崇善 純惠第四子。咸豐元年，封奉恩將軍。光緒三十	
榮秀 崇善子。宣統元年，襲奉恩將軍。二年，卒。	
常祿 榮秀子。宣統三年，襲奉恩將軍。	襲輔國公。二十六年，殉難。贈貝子銜，入祀昭忠祠，謚曰勤愍。
	襲輔國公。

卒。

四年，卒。

崇斌 純惠第五子。咸豐七年，封奉恩將軍。光緒十五年，卒。

益秀 崇斌第一子。光緒十五年，襲奉恩將軍。宣統二年，卒。

常泰 益秀子。宣統三年，襲奉恩將軍。

崇謙 純惠第七子。道光二十四年，封奉恩將

	智保 普貴第十一子。雍正元年，襲輔國公。三年，卒。	蘇保 普貴第十三子。雍正三年，襲輔國公。四
軍。咸豐八年，卒。		

年，卒。	普奇 敦達第四子。康熙二十四年，封鎮國公。十七年，緣事革退。五十一年，復封鎮國公。五十四年，又緣事革

爵職。

普昌　敦達第六子。康熙三十三年，封輔國公。三十五年，卒。無嗣

準達　杜爾祜第八子。康熙六年，封貝

善綬　準達第五子。康熙五十九年，卒。

子。二十年，緣事降鎮國公。雍正四年，卒。諡曰溫恪。

雍正元年，追封輔國公品級。

永齊

準達第七子。康熙四十二年，封三等鎮國將軍。雍正四年，襲輔國公。十一年，緣事革退。

蘇爾禪　準達第十二子。雍正六年，封三等輔國將軍。十一年，襲輔國公。乾隆四年，卒。諡曰簡恪。

廣齡　蘇爾禪第二子。雍正十三年，封奉恩將軍。乾隆四年，襲輔國公。十年，卒。諡曰敦僖。

博爾莊武　廣齡第三子。乾隆十一年，襲輔國公。五十二年，卒。

明崇　博爾莊武子。乾隆四十四年，封一等奉國將軍。五十三年，襲不入八分輔國公。嘉慶十年，卒。

瑞泰　明崇第二子。嘉慶二年，襲鎭國將軍。十七年，緣事革退。

德本　瑞泰族弟瑞吉之子。道光八年，襲瑞泰之鎭國將軍。同治八年，卒。

聯森　德本第二子。同治八年，襲鎭國將軍。光緒十八年，卒。

際亭　聯森第二子。光緒十七年，襲鎭國將軍。二十七年，卒。無嗣。

際符　聯森第三子。光緒十四年，封輔

國將軍。二十八年，襲鎮國將軍。

際昌 聯森第四子。光緒十四年，封輔國將軍。十五年，卒。無嗣。

聯曜 德本第三子。同

聯魁 德本第四子。同治七年，封輔國將軍。光緒十六年，卒。無嗣。

治三年，封輔國將軍。光緒十六年，卒。無嗣。

穆爾祜	杜度第二子。天聰九年，以功封輔國公。崇德七年，因罪革爵，黜宗室。順治元年，因功復入宗室。封三等
長源	穆爾祜第二子。順治十六年，襲鎮國將軍品級。康熙三十四年，緣事革退。六十年，卒。
察爾岱	長源第四子。康熙三十四年，襲輔國將軍品級。雍正十一年，卒。
訥爾博	察爾岱第三子。雍正十二年，襲奉國將軍品級。乾隆二十五年，因病告退。
鳳文	訥爾博第四子。乾隆二十五年，襲奉恩將軍品級。嘉慶九年，卒。第一子榮光降襲雲騎尉品級。

特爾祜 杜度第三子。崇德四年，	鎮國將軍。三年，晉一等。四年，晉輔國公。六年，晉貝子。九年，緣事革爵。十一年，卒。
噶爾哈圖 特爾祜第二子。順治十	

封輔國公。七年，因罪革爵，黜宗室。順治二年，以功復入宗室，封輔國公。六年，晉貝子。十五年卒。諡曰恪僖。

八年，襲鎮國公。康熙二年，卒。

登塞 特爾祜第三子。康熙三年，襲輔國公。十二年，晉鎮國公。雍正二年，卒。諡曰恪恭。

瑟爾臣 登塞第十一子。康熙五十五年，封三等鎮國將軍。雍正二年，襲輔國公。

德朗阿 瑟爾臣第二子。乾隆二十一年，襲輔國公。二十二年，緣事革退。

德尊 德朗阿第二子。乾隆二十三年，襲三等鎮國將軍。嘉慶十三年，卒。

秀福 德尊子。嘉慶七年，封奉恩將軍。十四年，襲輔國將軍。道光二十九年，卒。

瑞華 秀福第二子。道光二十九年，襲奉國將軍。光緒四年，卒。

恆廣 瑞華第一子。光緒五年，襲奉恩將軍。十七年，卒。

福寬 恆廣嗣子。光緒十七年，襲奉恩將軍。二十三年，卒。

玉通 恆隆之子。光緒

杜努

蘇努

瑪爾噶圖　特爾祜第五子。康熙八年，封奉恩將軍。三十七年，因病革退。

乾隆十五年，卒。謚曰溫僖。

二十四年，襲福寬之奉恩將軍。

文

杜度第六子。順治二年，以功封輔國公。五年，卒。康熙三十七年，追封貝子，謚曰懷愍。

杜努文

杜努文子。順治十四年，封鎮國公。康熙三十七年，晉貝子。六十一年，晉貝勒。雍正二年，以罪革爵，黜宗室。

薩弼

巴鼐

阿布

福爾

旭昇

書伯

郡德

祝康

	杜度第七子。順治二年，以功封輔國公。六年，晉貝子。十二年，卒。諡曰懷愍。
	薩弼第一子。順治十八年，襲鎮國公。康熙二十三年，卒。
	蘭　巴鼐第三子。康熙二十三年，襲輔國公。雍正元年，封貝勒。二年，緣事革爵，仍授輔國公。
	善　阿布蘭第二子。康熙五十年，封三等輔國將軍。乾隆十年，卒。諡曰溫僖。
旭英　福爾善第二子。乾隆三年，封奉	福爾善第一子。乾隆三年，封奉恩將軍。九年，因病告退。
富明額　旭英第三子。乾隆三十	旭昇第一子。乾隆十年，襲奉恩將軍。三十三年，因病告退。
定海　富明額第一子。乾隆五十八年，	書伯第一子。乾隆三十三年，襲奉恩將軍。五十八年，卒。
那當阿　定海第一子。嘉慶十八	郡德第一子。乾隆五十八年，襲奉恩將軍。道光十七年，卒。襲次已盡，不襲。
明安　那當阿第二子。咸豐八年，襲奉	
恩常　明安第二子。同治十三年，襲奉	

恩將軍。十年，襲三等奉國將軍。乾隆三十一年，卒。	
一年，襲奉恩將軍。五十七年，卒。	哲爾慶額 旭英第六子。乾隆三十五年，封奉恩將軍。五十五年，卒。無嗣。
襲奉恩將軍。嘉慶十七年，因病告退。	
年，襲奉恩將軍。咸豐五年，卒。	
恩將軍。同治十一年，卒。	
恩將軍。	

西清額　旭英第七子。乾隆四十九年，封奉恩將軍。嘉慶五年，卒。

玉廣　西清額第一子。嘉慶六年，襲奉恩將軍。十三年，卒。

法布蘭　巴鼐第四子。康熙三十三年，封

法爾善　法布蘭第一子。雍正五年，襲阿

祿慶　法爾善第二子。乾隆五年，襲輔國公。二

倫成　祿慶子。乾隆二十七年，襲三等鎮國將

固鼐 薩弼第二子。順治十二		
	三等輔國將軍。雍正九年,卒。乾隆十五年,追封輔國公。	
	布蘭之輔國公。乾隆五年,卒。謚曰和愨。	
	十三年,緣事降三等鎮國將軍。二十七年,卒。	
	定明 炳康子。乾隆五十八年,襲倫成之鎮國將軍。嘉慶五年,卒。	軍。五十七年,卒。
	碩壽 定明第一子。嘉慶五年,襲鎮國將軍。道光九年,卒。	
	保英 碩壽子。道光十年,襲鎮國將軍。光緒十年,卒。	
	景勳 保英子。光緒十四年,襲鎮國將軍。二十五年,卒。	
	安齡 景勳第一子。光緒二十八年,襲鎮國將軍。	

	尼堪　褚英第三子。天聰九年，以功封貝子。順治元年，晉貝勒。五年，晉敬謹郡
	蘭布　尼堪第一子。順治十三年，封三等輔國將軍。十八年，襲貝勒。康熙六年，
年，襲鎮國公。十五年，卒。謚曰悼愍。無嗣。	賴士　蘭布第四子。康熙十八年，襲輔國公。五十三年，緣事革退。雍正八年，授
	伊爾敦　賴士第二子。雍正四年，襲輔國公。乾隆十四年，卒。謚曰簡恪。
	富春　伊爾敦第七子。乾隆十四年，襲輔國公。四十二年，緣事革退。
	斌英　富春第三子。乾隆二十七年，封二等奉國將軍。十二年，襲輔國公。四十
	果爾豐阿　斌英第一子。乾隆四十九年，封二等輔國將軍。嘉慶五年，襲鎮
	有麟　果爾豐阿第二子。道光元年，封輔國將軍。八年，襲鎮國公。十二年，緣事
	玉潔　有麟第一子。道光十八年，封二等輔國將軍。同治十三年，卒。

王。六年，晉敬謹親王。尋緣事降郡王。八年，復封親王。九年，薨。謚曰莊。		
襲敬謹郡王。七年，以父尼堪功襲親王。八年，緣事降鎮國公。十七年，卒。十九年，緣事追削。		
輔國公品級。十年，卒。謚曰悼愍。		
三年，晉鎮國公。嘉慶四年，卒。		
國公。道光七年，卒。		
降輔國公。十九年，緣事革退。	有鳳 果爾豐阿第四子。道光四年，封輔國將軍。十九年，襲鎮國公。咸豐十年，卒。	
	順樂 有鳳族姪。	
	桂池 順樂子。同治元年，襲有鳳之鎮國公。五年，緣事革退。	桂豐 順樂子。同治六
		全榮 桂豐第一子。光

年，襲鎮國公。光緒十八年，卒。

緒十四年，封一等輔國將軍。十八年，襲鎮國公。

全福　桂豐第三子。光緒二十年，封一等輔國將軍。二十五年，卒。無嗣。

有興　果爾豐阿第五子。道光四年，封輔國將軍。咸豐六年，卒。

玉鎮　有興第三子。咸豐七年，襲奉國將軍。同治元年，緣事革退。

博爾慶阿　斌英第二子。乾隆四十九年，封

	斌泰 富春第五子。乾隆三十五年，封二等輔國將軍。四十二年，卒。
一等輔國將軍。五十七年，卒。無嗣。	伊忠阿 斌泰第一子。乾隆四十二年，襲奉國將軍。道光二十年，卒。
	德鼐 伊忠阿第一子。嘉慶二十一年，封奉恩將軍。道光二十年，卒。
	致祥 德鼐子。道光二十一年，襲奉恩將軍。咸豐八年，卒。無嗣。

務友	蘭布第五子。康熙十八年，封輔
富增	務友第六子。康熙四十八年，襲
斌靜	富春第七子。乾隆四十年，封二等輔國將軍。嘉慶二十三年，緣事革退。

	國公。四十八年，卒。
富宏　務友第七子。雍正四年，襲三等鎭國將	三等鎭國將軍。五十三年，襲賴士之輔國公。雍正四年，緣事革退。
阿慜圖　富宏第二子。雍正十三年，襲三	
惠英　阿慜圖第八子。乾隆二十八年，襲三等	
煥魁　惠英第一子。乾隆五十五年，封奉恩將	
訥爾和春　煥魁子。	
濯麟　訥爾和春子。道光十九年，襲奉恩將軍。	
近光　濯麟第一子。咸豐十一年，襲奉恩將軍。	

軍。十三年，卒。		拜音布務友子。
等輔國將軍。乾隆二十七年，因病告退。		玖雅圖拜音布
奉國將軍。道光四年，卒。		
軍。道光十八年，卒。	煥明惠英第二子。乾隆五十五年，封奉恩將軍。道光十一年，卒。	
	舒錦煥明子。	
咸豐十年，卒。	緝御舒錦子。道光十二年，襲奉恩將軍。同治元年，緣事革退。	
光緒九年，緣事革退。		

尼思哈　尼堪第二子。順治十年，襲敬謹親王。十七年，薨。謚曰悼。

子。雍正四年，封奉恩將軍。十三年，卒。無嗣。

代善	太祖第二子。以軍功賜號古英巴圖魯。天命元年，封貝勒。崇德元年，晉和碩兄禮親王。順治五年，薨。謚	
岳託	代善第一子。天命十一年，以功封貝勒。崇德元年，晉成親王。尋緣事降貝勒。二年，又降貝子。三年，以功	
羅洛渾	岳託第一子。崇德四年，封貝勒。七年，緣事革爵。八年，復封貝勒。順治元年，以功晉衍禧郡王。三	無嗣。
羅科鐸	羅洛渾第一子。順治五年，襲衍禧郡王。康熙八年，改號平郡王。二十一年，薨。謚曰比。	
訥爾圖	羅科鐸第四子。康熙十八年，封世子。二十二年，襲平郡王。二十六年，以罪革爵。	
訥清額	訥爾圖子。追封克勤郡王。	
雅朗阿	訥清額子。乾隆四十五年，襲克勤郡王。五十九年，薨。謚曰莊。	
恆節	雅朗阿第二子。乾隆五十五年，封三等鎮國將軍。嘉慶二十五年，卒。	
春和	恆節第一子。嘉慶十七年，封奉國將軍。二十五年，襲二等輔國將軍。道光五年，卒。	
碩景	春和第二子。道光五年，襲奉國將軍。二十四年，卒。	
惠興	碩景第一子。道光二十四年，襲奉恩將軍。光緒十三年，卒。	
松瑞	惠興第三子。光緒十四年，襲奉恩將軍。	
惠雲	碩景第三子。同治三年，封奉恩	
崇瑞	惠雲子。光緒二十八年，襲奉恩	
祺陞	崇瑞子。光緒三十二年，襲奉恩	

曰烈。乾隆四十三年，以佐命殊功，配享太廟。		
復封貝勒。四年，薨。追封克勤郡王。乾隆四十三年，以佐命殊功，配享太廟。		
年，薨。謚曰介。		
		春庭　恆節第二子。道
	碩成　春和第三子。道光二十五年，封奉國將軍。二十九年，卒。無嗣。	
將軍。光緒二十七年，卒。		
將軍。三十一年，卒。		
將軍。		

光元年，封三等輔國將軍。六年，緣事革退。

恆謹 雅朗阿第三子。乾隆四十九年，封三等鎮國將軍。六十年，襲克

春齡 恆謹第一子。嘉慶七年，封輔國將軍。八年，襲鎮國將軍。十六年，

慶恩 春齡第一子。嘉慶十七年，襲輔國將軍。十九年，卒。無嗣。

勤郡王。	嘉慶四年，以罪革爵。	恆元 雅朗阿第四子。追封克勤郡王。
卒。	春林 恆謹第二子。嘉慶十年，封奉國將軍。十三年，卒。無嗣。	倘格 恆元子。嘉慶四年，襲克勤郡王。道光四
		承碩 倘格第二子。道光元年，封一等鎮國將
		慶惠 承碩第一子。道光二十二年，襲克勤郡
		晉祺 慶惠第一子。咸豐十一年，襲克勤郡王。
		崧杰 晉祺第二子。光緒二十六年，襲克勤郡
		晏森 崧杰子。宣統元年，封克勤郡王。

年，因病告退。十三年，薨。謚曰簡。	
軍。九年，晉不入八分輔國公。十三年，襲克勤郡王。十九年，薨。謚曰恪。	
王。咸豐十一年，薨。謚曰敬。	
光緒十五年，加親王銜。二十六年，薨。謚曰誠。	延祺 慶惠第二子。同治七年，封三等鎮國將軍。光緒二十三年，卒。
王。宣統元年，薨。謚曰順。	延魁 延祺第二子。光緒二十年，封三等輔國將軍。

佑祺 慶惠第三子。同治七年，封三等鎮國將軍。光緒二年，卒。無嗣。	齡祺 慶惠第四子。同治十一年，封奉國將軍。
	崧燿 齡祺子。光緒二十八年，襲奉恩將軍。

光緒二十六年，卒。

增祺 慶惠第七子。光緒六年，封奉國將軍。

承順 尚格第三子。道光四年，封三等鎮國將

景錫 承順第一子。道光二十三年，襲輔國將

吉鈞 景錫第二子。同治十三年，襲奉國將軍。

光耀 吉鈞子。光緒二十八年，襲奉國將軍。

軍。二十三年，卒。

軍。同治十二年，卒。

慶炤　承順第二子。同

光緒二十六年，卒。

吉瀛　景錫第三子。光緒十三年，封奉國將軍。十五年，卒。

吉康　慶炤第一子。光

邁拉遜　吉瀛子。光緒十五年，襲奉恩將軍。十六年，卒。無嗣。

	承慶 尚格第四子。道光九年，封鎮國將軍。二十九年，卒。
治三年，封輔國將軍。光緒二十八年，卒。	景恩 承慶第二子。道光二十九年，襲輔國將軍。光緒三十四年，卒。
緒十四年，封三等奉國將軍。二十五年，卒。無嗣。	寶賢 景恩子。光緒二十年，封三等奉國將軍。三十四年，襲輔國將軍。

	訥爾福　羅科鐸第六子。康熙二十四年，
	訥爾蘇　訥爾福第一子。康熙四十年，襲
	福彭　訥爾蘇第一子。雍正四年，襲平郡王。乾
	慶明　福彭第一子。乾隆十四年，襲平郡王。十
承智　尚格第五子。道光二十四年，封奉國將軍。同治二年，卒。	
景惠　承智第一子。同治三年，襲奉恩將軍。四年，卒。	
祿祺　景惠第二子。同治四年，襲奉國將軍。光緒二十八年，卒。無嗣。	

封貝子。二十六年，襲平郡王。四十年，薨。諡曰悼。	
平郡王。雍正四年，因罪革爵。乾隆五年，卒。照郡王品級殯葬。	
隆十三年，薨。諡曰敏。	福秀 訥爾蘇第四子。乾隆二十年，卒。照貝子品級殯葬。
五年，薨。諡曰僖。	慶恆 福秀子，福彭嗣子。乾隆十五年，襲平郡王。二十七年，降貝子。四十年，復封平郡王。四十

	福靖　訥爾蘇第六子。乾隆二年，封奉國將軍。二十四
三年，以岳託茂著壯猷，仍復號克勤郡王。四十四年，薨。謚曰良。	慶祥　福靖第一子。乾隆二十四年，襲奉恩將軍。嘉慶

	諾尼 羅洛渾第三子。順治十三年，封貝勒。康熙四年，因罪革爵。三十九年，復封貝勒。四十四年，卒。
	諾恩託和 諾尼第十三子。康熙四十三年，封三等鎮國將軍。四十四年，襲輔國公。乾隆四年，卒。諡
	斗寶 諾恩託和第五子。乾隆五年，襲輔國公。二十四年，緣事革退。
年，卒。	福明阿 斗寶第一子。乾隆二十四年，襲奉恩將軍。四十年，緣事革退。
八年，緣事革退。	

	喀爾楚渾岳託第二子。順治二年，封鎮國公。六年，以功晉貝勒。八年，卒。諡曰顯榮。	巴爾
	克齊喀爾楚渾子。順治九年，襲貝勒。康熙六十一年，薨。	
曰恪順。	祿賓克齊第一子。康熙二十三年，封貝子。雍正四年，緣事革退。復封輔國公。乾隆八年，卒。諡曰恪思。	

楚渾
岳託第四子。順治六年，封貝勒。十二年，卒。謚曰和惠。

巴思哈
岳託第五子。崇德四年，封鎮國將軍。順

固克度渾
巴思哈第二子。順治十八年，襲輔國將

治六年，晉貝勒。十一年，緣事革爵。十二年，封鎮國將軍。十八年，卒。

軍。康熙四年，卒。

庫普素渾　巴思哈第三子。康熙五年，襲三等奉國將軍。十二年，封三等輔國將軍。三十四年，因病

蘭鼐　庫普素渾第一子。康熙三十四年，襲封奉國將軍。五十八年，卒。

宗智　蘭鼐第四子。康熙五十八年，襲奉恩將軍。乾隆九年，卒。

訥穆金　宗智子。乾隆九年，襲祿賓之奉恩將軍。四十八年，因病告退。尋卒。

薩賓圖　訥穆金第一子。乾隆四十九年，襲奉恩將軍。嘉慶八年，緣事革退。

恆萃　訥穆金

崇慶　恆萃子。

興瑞　崇慶子。

恩鈺　國啓子，

	祜里布 岳託第六子。順治六年，封貝勒。九年，卒。諡曰剛毅。
革退。	
第二子。嘉慶八年，襲奉恩將軍。道光十年，卒。	
道光十年，襲奉恩將軍。光緒元年，卒。	
崇棨嗣子。光緒二年，襲族叔興瑞之奉恩將軍。	

碩託

代善第二子。天聰八年，以功封貝子。崇德四年，緣事降輔國公。尋復封貝子。八年，以罪削爵，黜宗室。

薩哈

阿達

璘 代善第三子。天命十一年，以功封貝勒。崇德元年，晉郡王。尋薨。追封穎親王，謚曰毅。	
禮 薩哈璘第一子。崇德元年，襲郡王。八年，以罪處死，黜宗室。	勒克德渾 薩哈璘第二子。順治元年，以兄
	諾羅布 勒克德渾第三子。康熙五十四
	錫保 諾羅布第四子。康熙五十六年，襲順承
	熙良 錫保第一子。雍正三年，封輔國公。十年，
	泰斐英阿 熙良第一子。乾隆九年，襲順承
	恆英 泰斐英阿第一子。乾隆三十年，封奉恩
	倫蓋 恆英第一子。嘉慶八年，襲奉恩將軍。二
	純玉 倫蓋第一子。嘉慶二十二年，襲奉恩將
	松通 純玉第三子。同治六年，襲奉恩將軍。光
	恩奎 松通第一子。光緒十一年，襲奉恩將軍。

罪黜宗室。尋復入宗室，封貝勒。五年，以功晉順承郡王。九年，薨。諡曰恭惠。		
年，襲順承郡王。五十六年，薨。諡曰忠。		
郡王。雍正九年，晉親王。十一年，以罪革退親王。乾隆七年，薨。照郡王品級殯葬。		
封世子。十一年，以父罪革世子。尋襲順承郡王。乾隆九年，薨。諡曰恪。		
郡王。二十一年，薨。諡曰恭。		
將軍。嘉慶七年，因病告退。	恆齡 泰斐英阿第二子。乾隆三十五年，封三等奉國將軍。道光十三年，卒。	
十一年，卒。	倫康 恆齡第一子。乾隆六十年，封奉恩將軍。嘉慶七年，卒。	倫興 恆齡第二子。嘉
軍。同治六年，卒。	順英 倫康第一子。嘉慶七年，襲奉恩將軍。十四年，卒。無嗣。	順慶 倫興第一子。嘉
緒十年，卒。		福禧 順慶第一子。道

慶七年，封奉恩將軍。十二年，卒。

慶十二年，襲奉恩將軍。道光十七年，卒。

光十八年，襲奉恩將軍。同治元年，卒。無嗣。

倫恭　恆齡第三子。嘉慶十一年，封奉恩將軍。咸豐八年，緣事革退。

恆昌　泰斐英阿第四子。乾隆二十一年，襲順承郡王。四十三年，薨。謚曰慎。	
倫柱　恆昌第一子。乾隆五十一年，襲順承郡王。道光三年，薨。謚曰簡。	
春山　倫柱第四子。道光元年，封鎮國將軍。三年，襲順承郡王。咸豐四年，薨。謚曰勤。	春佑　倫柱第五子。道光元年，
慶恩　春山第五子。咸豐四年，襲順承郡王。光緒七年，薨。謚曰敏。	謙士　春佑第一子。道光三十
訥勒赫　慶恩子。光緒七年，襲順承郡王。	

封三等鎮國將軍。光緒二年，卒。

年，封輔國將軍。同治二年，卒。無嗣。

謙德　春佑第六子。咸豐六年，封三等輔國將軍。光緒二十一年，卒。

銓福　謙德第二子。光緒二十二年，襲奉國將軍。

謙光

興瑞

		春祿　倫柱第
春佑第七子。咸豐七年，封三等輔國將軍。光緒二十一年，晉二等。二十五年，卒。		
謙光第一子。光緒二十五年，襲奉國將軍。	麒瑞　謙光第三子。光緒三十二年，封奉國將軍。	

九子。道光十三年，封三等奉國將軍。同治七年，卒。無嗣。	春英　倫柱第十子。道光九年，封三等鎮國將軍。同治元年，卒。
	謙禧　春英第一子。咸豐七年，封三等輔國將軍。同治二年，晉
	靈熙　謙禧第二子。光緒十六年，襲奉國將軍。
	文灝　靈熙第五子。光緒三十二年，封奉恩將軍。宣統元年，卒。
	鐵珊　文灝子。宣統元年，襲奉恩將軍。

襲二等。光緒十六年，卒。

文治　靈熙第七子。光緒三十二年，封奉恩將軍。

謙華　春英第三子。同治十一年，封三等輔國將軍。

春定

謙升

靈魁

倫柱第十一子。道光九年，封三等鎮國將軍。同治六年，卒。

春定第三子。咸豐七年，封三等輔國將軍。十年，緣事革退。同治七年，襲輔國將軍。光緒八年，卒。

謙升第一子。光緒八年，襲三等奉國將軍。十六年，卒。

春靜

倫柱第十二子。

道光九年，封三等鎮國將軍。二十五年，卒。無嗣。	春安　倫柱第十三子。道光九年，封三等鎮國將軍。咸豐十一年，卒。
	謙壽　春安子。同治元年，襲奉恩將軍。光緒三年，卒。無嗣。

春益　倫柱第十七子。道光十六年，封鎮國將軍。同治九年，卒。無嗣。

春戴　倫柱第十八子。道光十九年，封奉國將軍。

慶恕　春戴第二子。光緒九年，襲奉恩將軍。

軍。光緒九年，卒。

春瑞　倫柱第十九子。道光二十四年，封奉恩將軍。咸豐十一年，卒。無嗣。

倫成　恆昌第二子。乾

隆六十年。封一等輔國將軍。嘉慶三年，卒。無嗣。

倫正

恆昌第三子。嘉慶四年，封二等輔國將軍。二十一年，卒。

順萃

倫正第一子。嘉慶二十一年，襲三等奉國將軍。道光十三年，卒。

無嗣。

春修　倫正第二子。道光二十四年，封奉國將軍。同治十二年，卒。

扎隆阿　春修第一子。同治元年，封奉恩將軍。光緒二十六年，殉難。

樸厚　扎隆阿第一子。光緒二十八年，襲奉恩將軍。

恆慶　泰斐英阿第五子。乾隆

四十年，封奉國將軍。五十五年，因病告退。	愜柏 泰斐英阿第六子。乾隆四十四年，封三等奉國將軍。嘉慶六年，

緣事革退。

克明　熙良第四子。乾隆二十一年，封二等鎮國將軍。嘉慶二年，卒。

文獻　克明第一子。乾隆四十年，封一等奉國將軍。六十年，卒。

倫忠　文獻子。乾隆六十年，襲奉恩將軍。嘉慶三年，晉襲輔國將軍。咸豐九年，卒。

崇儉　倫忠第二子。道光四年，封奉國將軍。咸豐二年，卒。無嗣。

文弼　克明第

德宗

熙良第五子。乾隆二十一年，封奉恩將軍。四十

二子。乾隆四十九年，封奉三等國將軍。嘉慶十七年，緣事革退。

九年，卒。

封訥

赫

諾羅布第七子。雍正十三年，封奉恩將軍。乾隆十一年，因病告退。三十年，卒。緣事追革。

勒爾

勒爾

錦 勒克德渾第四子。順治九年，襲順承郡王。康熙十九年，緣事革爵。四十五年，卒。	
貝 勒爾錦第三子。康熙二十年，襲順承郡王。二十一年，薨。	**延奇** 勒爾錦第四子。康熙二十一年，襲順承郡王。二

十六年，薨。

穆布巴　勒爾錦第五子。康熙三十八年，襲順承郡王。五十四年，緣事革爵。

充保　勒爾錦

	杜蘭 薩哈璘第三子。順治六年，封貝勒。康熙七年，降鎮國公。
	訥默孫 杜蘭第一子。康熙四年，封貝子。十一年，緣事革
第七子。康熙二十六年，襲順承郡王。三十七年，薨。	訥圖 訥默孫第三子。康熙三十七年，封三等鎮國將軍。五十
	興英 訥圖第四子。乾隆二年，襲輔國公。十八年，卒。謚曰勤僖。
	崇尙 興英第一子。乾隆十八年，襲輔國公。嘉慶十二年，卒。
	恆勳 崇尙第一子。嘉慶十四年，襲不入八分輔國公。二十六
	保齡 恆勳第一子。嘉慶二十一年，封三等輔國將軍。二十六

十四年，卒。	
退。十四年，襲輔國公。五十三年，卒。	弼禮克　杜蘭第二子。康熙九年，封輔國公。十六年，卒。
三年，襲輔國公。乾隆二年，卒。謚曰敦敏。	弼爾特訥　弼禮克第四子。康熙十六年，襲鎮國將軍。四十三年，緣事革退。
年，卒。	
年，襲鎮國將軍。道光十三年，卒。	

瓦克達　代善第四子。順治三年，以功封三等鎮國將軍。四年，晉鎮國公。五年，晉郡王，加號曰謙。九年，薨。諡曰襄。	
留雍　瓦克達第二子。順治十年，封三等奉國將軍。康熙六年，晉鎮國將軍。八年，緣事降奉國將軍品級。二十五年，襲	
台渾　留雍第三子。康熙三十三年，封三等輔國將軍。五十九年，緣事革退。	
忠端　台渾子。	
洞福　忠端子。乾隆四十三年，以瓦克達有功，命洞福襲一等鎮國將軍。五十七年，卒。	
德文　洞福第二子。乾隆五十五年，封二等奉國將軍。五十七年，襲鎮國將軍。道光六年，卒。	
蘇藩　德文第一子。嘉慶十七年，封一等奉國將軍。道光六年，襲一等鎮國將軍。十六年，卒。	蘇敏　德文第二子。嘉
承瑞　蘇芳第五子，蘇藩嗣子。道光十六年，襲鎮國將軍。同治六年，卒。	
岳康　承澤子，承瑞嗣子。同治七年，襲鎮國將軍。光緒二十四年，卒。	
恩厚　斌昌第二子，岳康嗣子。光緒二十一年，襲鎮國將軍。	

鎮國公。三十七年，革爵停襲。

慶二十一年，封三等輔國將軍。道光三年，卒。無嗣。

蘇芳　德文第三子。道光元年，封三等輔國將軍。咸豐元年，卒。

成藩　蘇芳第一子。道光四年，襲三等奉國將軍。咸豐九年，卒。

斌昌　成藩第二子。咸豐九年，襲奉恩將軍。光緒十年，卒。

恩榮　斌昌第一子。光緒十年，襲奉恩將軍。

德恭泰　洞福第三子。乾隆六十年，封二

蘇哲　德文第四子。道光九年，封三等輔國將軍。同治元年，緣事革退。

達英　德恭泰第二子。道光元年，襲奉恩將軍。

等奉國將軍。嘉慶二十五年，卒。

二十三年，卒。無嗣。

噶爾賽　瓦克達第三子。順治十年，封三等奉國將軍。康熙六年，襲鎮國公。八年，

海清　噶爾賽第一子。康熙二十一年，封輔國公。二十五年，以父罪革退。

緣事降奉國將軍品級。二十一年,復封鎮國公。二十五年,以罪革爵。

瑪占

代善第六子。崇德元年,以功封輔國公。

三年，卒。無嗣。	滿達海　代善第七子。崇德六年，以功封輔國公。順治二年，晉貝子。六年，襲親王。八年，賜號曰巽。	
	常阿岱　滿達海第一子。順治九年，襲親王。十六年，以父罪降貝勒。康熙四年，卒。謚曰懷愍。	
	錫㮤圖　常阿岱第二子。康熙十五年，封奉恩將軍。二十八年，緣事革退。雍正八年，卒。	
	英俊　錫㮤圖第三子。雍正八年，襲奉恩將軍。乾隆八年，卒。無嗣。	英永　錫㮤圖第二子。乾隆八

九年，薨。諡曰簡。十六年，緣事追奪諡法及碑文。	
	世憲 常阿岱第三子。康熙十五年，封奉恩將軍。五十八年，卒。
年，襲奉恩將軍。三十九年，卒。無嗣。	成文 世憲第三子。康熙五十八年，襲奉恩將軍。雍正十三年，緣事革退。
	積善 成文第二子。乾隆元年，襲奉恩將軍。十八年，緣事革退。

廣昌 常阿岱第四子。康熙十七年，封奉國將軍。三十六年，卒。	希常 常阿岱第五子。康熙十七年，封
申德 廣昌第二子。康熙三十七年，襲奉恩將軍。雍正三年，卒。	
巴爾薩 申德第二子。雍正四年，襲奉恩將軍。乾隆二十二年，因病告退。	
普正 巴爾薩第一子。乾隆二十三年，襲奉恩將軍。二十四年，緣事革退。	
素清阿 普正第二子。乾隆二十四年，襲奉恩將軍。嘉慶二年，卒。	
達三布 素清阿第一子。嘉慶三年，襲奉恩將軍。七年，卒。	
德春 達三布第一子。嘉慶七年，襲奉恩將軍。道光十一年，卒。	
安祿 德春第二子。道光十一年，襲奉恩將軍。同治五年，卒。襲次已盡，不襲。	

奉恩將軍。五十二年，緣事革退。

星尼　常阿岱第六子。康熙四年，襲貝子。二十七年，緣事革退。五十二年，復降襲輔國

星海　星尼第一子。康熙二十七年，襲鎮國公。五十二年，緣事革退。

常平　星海子。

福色鏗額　常平子。乾隆五十三年，封一等輔國將軍。道光元年，卒。

明嵩　福色鏗額第一子。乾隆五十五年，封三等奉國將軍。嘉慶十八年，卒。

明憲

祿智

公。

福色鏗　額第三子。道光元年，襲輔國將軍。十三年，卒。

明憲第二子。道光十四年，襲輔國將軍。同治元年，緣事革退。

祿紳　明憲堂姪，明益子。同治元年，襲輔國將軍。光緒

鐵山　祿紳第三子。光緒二十一年，襲一等輔國將軍。

二十一年，卒。

都隆 額 星尼第七子。雍正八年，封奉恩將軍。乾隆十五年，緣事革退。

祜塞 代善第八子。順

精濟 祜塞第二子。順

治二年，封鎮國公。三年，卒。十年，追封郡王，諡曰惠順。康熙元年，追封親王。	
治三年，襲鎮國公。尋晉郡王。六年，薨。諡曰懷愍。	傑書　祜塞第三子。順治六年，襲郡王，賜號曰康。十六年，襲巽親王，改
	呢他哈　傑書第一子。康熙二十年，封三等輔國將軍。五十一年，

號曰康。康熙三十六年，薨。諡曰良。	
緣事革退。	
	扎爾圖　傑書第三子。康熙三十二年，封三等輔國將軍。五十四年，緣事革退。雍正二年，卒。
	尚德　扎爾圖第三子。雍正三年，襲奉國將軍。乾隆十七年，卒。
	德明　尚德第三子。乾隆十七年，襲奉恩將軍。五十六年，卒。
	富雲　德明第二子。乾隆五十六年，襲奉恩將軍。道光十七年，卒。
	阿昌阿　富雲第二子。光緒十七年，襲奉恩將軍。光緒十一年，卒。
	春元　阿昌阿第一子。光緒十二年，襲奉恩將軍。

巴爾圖　傑書第四子。康熙三十二年，封三等輔國將軍。雍正十二年，襲康親王。乾隆十八年，薨。諡曰簡。	
謨章　巴爾圖第一子。雍正十年，封奉國將軍。乾隆二十七年，卒。	謨本　巴爾圖第四子。雍正十三年，封奉國將
善存　謨章第四子。乾隆二十八年，襲奉恩將軍。三十八年，卒。無嗣。	善廣　謨本第一子。乾隆二十四年，襲奉恩將

軍。乾隆二十四年，卒。	譔雲 巴爾圖第八子。乾隆七年，封三等鎮國將軍。二十九年，卒。	
軍。五十二年，卒。無嗣。	崇敬 譔雲第五子。乾隆二十九年，襲三等輔國將軍。嘉慶六年，卒。	
	哲豐 崇敬第一子。嘉慶七年，襲三等奉國將軍。道光九年，卒。	
	魁舒 哲豐第一子。道光四年，封奉恩將軍。十四年，卒。無嗣。	魁樂 哲豐第二子。道光十一

年，封奉恩將軍。十六年，緣事革退。		
	崇林 謨雲第六子。乾隆四十年，封一等奉國將軍。嘉慶八年，卒。無嗣。	崇英
		哲麟
		奎璧

謨雲第七子。乾隆四十年，封輔國將軍。五十八年，卒。

崇英第二子。乾隆五十八年，襲奉國將軍。嘉慶二十五年，卒。

哲麟第一子。嘉慶二十二年，封奉恩將軍。道光十八年，卒。無嗣。

奎福

哲麟第二子。道光元年，封奉恩將軍。九年，卒。無

嗣。	奎華哲麟第三子。道光六年，封奉恩將軍。二十七年，卒。	玉清奎華第一子。道光二十八年，襲奉恩將軍。光緒七年，卒。	祺昌玉清第三子。光緒七年，襲奉恩將軍。二十二年，卒。襲次已盡，不襲。
	奎安哲麟第四子。道光九年，	玉佶奎安第一子。道光二十	

封奉恩將軍。二十九年，卒。	奎定 哲麟第五子。道光十三年，封奉恩將軍。咸豐五年，卒。	奎文 哲麟第六子。道
九年，襲奉恩將軍。同治五年，卒。	玉剛 奎定第一子。咸豐六年，襲奉恩將軍。同治十三年，卒。	
	祥厚 玉剛第一子。同治十三年，襲奉恩將軍。	

	謨恭　巴爾圖第十三子。乾隆二十一年，封二等奉國將軍。四十二年，
	善儀　謨恭第一子。乾隆四十二年，襲奉恩將軍。嘉慶十五年，卒。
	富爾闡　善儀第一子。嘉慶十五年，襲奉恩將軍。道光十年，卒。無
光十八年，封奉恩將軍。咸豐二年，緣事革退。	

卒。

嗣。

謨經
巴爾圖第十四子。乾隆二十二年，封三等奉國將軍。三十五年，卒。無嗣。

謨典
巴爾圖第十五子。乾隆

二十一年，封二等輔國將軍。二十四年，緣事革退。	諤廣 巴爾圖第十七子。乾隆二十二年，封一等輔國將軍。三
	善永 諤廣子。乾隆三十一年，襲一等奉國將軍。五十六年，卒。

十年，卒。無嗣。	謨顯 巴爾圖第二十子。乾隆二十二年，封二等輔國將軍。五十三年，卒。無嗣。	謨亮 巴爾圖第二十三子。乾
		良鳳 謨亮第二子。嘉慶元年，
		福年 良鳳第一子。道光元年，
		崑山 福年第二子。咸豐六年，
		鍾沛 崑山第一子。同治八年，

		椿泰　傑書第五子。康
隆二十六年，封三等鎮國將軍。六十年，卒。		崇安　椿泰子。康熙四
襲三等輔國將軍。道光六年，卒。		永恩　崇安第二子。雍
封奉國將軍。同治四年，卒。	福彰　良鳳第二子。道光四年，封奉國將軍。十三年，卒。無嗣。	昭槤　永恩子。嘉慶七
封奉恩將軍。同治八年，卒。		
襲奉恩將軍。十三年，卒。		

				熙三十六年，襲康親王。四十八年，薨。諡曰悼。	十八年，襲康親王。雍正十一年，薨。諡曰修。	正十二年，封貝勒。乾隆十八年，襲康親王。四十三年，以代善茂著壯猷，仍復原號爲禮親王。嘉慶十年，薨。諡曰恭。	年，封不入八分輔國公。十年，襲禮親王。二十一年，緣事革爵。				

阿拜 太祖第	
席特 庫	
能額 里	
	永憙 崇安第三子。乾隆十四年，封二等鎮國將軍。五十五年，卒。嘉慶二十一年，追封禮親王。
	麟趾 永憙第一子。乾隆五十四年，封二等輔國將軍。嘉慶二十二年，襲禮親王。道光元年，薨。謚曰安。
	錫春 麟趾子。嘉慶十四年，封奉恩將軍。二十四年，卒。道光四年，追封禮親王。
	全齡 錫春子。嘉慶二十五年，襲奉恩將軍。道光元年，襲禮親王。三十年，薨。謚曰和。
	世鐸 全齡第三子。道光三十年，襲禮親王。
	誠厚 世鐸子。光緒十年，封不入八分輔國公。

三子。崇德四年，封三等鎮國將軍。順治四年，晉二等。五年，卒。十年，追封鎮國公，諡曰勤敏。

阿拜第一子。初封奉國將軍。崇德六年，緣事革退。順治二年，封鎮國將軍。六年，晉鎮國公。七年，緣事降鎮國將軍。康熙

席特庫第二子。順治六年，封奉恩將軍。康熙十二年，卒。無嗣。

英額里

席特庫第三子。順治六年，封三等輔國

務爾登

英額里第二子。康熙二十二年，襲三等

啓昭

務爾登第三子。康熙五十五年，襲奉恩將軍。乾

鵬志

啓昭第三子。乾隆二十六年，襲奉恩將軍。三十

獻福

鵬志第一子。乾隆三十九年，襲奉恩將軍。嘉慶

十六年，卒。		
將軍。八年，晉輔國公。康熙二十一年，卒。		
奉國將軍。五十五年，緣事革退。	務爾德宜 英額里第四子。康熙二十六年，封三等奉國將軍。五十九年，卒。	
隆二十六年，卒。	揚安 務爾德宜第三子。康熙五十九年，襲奉恩將軍。雍正十三年，因病告退。	六十
九年，卒。		俊福
八年，緣事革退。		忠秀

	英格宜　席特庫第四子。順治六年，封三
	業爾圖　英格宜第一子。康熙六年，封三
八　務爾德宜第六子。雍正十三年，襲奉恩將軍。乾隆三十四年，卒。	新岱　業爾圖第二子。康熙五十三年，襲奉恩
六十八第一子。乾隆三十四年，襲奉恩將軍。道光十三年，卒。	富勒森　新岱第一子。乾隆三年，封奉恩
俊福第一子。道光十三年，襲奉恩將軍。同治六年，卒。無嗣。	蘇隆阿　富勒森第二子。乾隆三十一年，

	費雅 三 阿拜第三子。順治二年，封奉恩將軍。三年，卒。無嗣。
等輔國將軍。八年，晉輔國公。康熙二十四年，卒。	
等奉國將軍。三十七年，因病告退。	
將軍。乾隆十三年，卒。	
將軍。三十一年，卒。	
襲奉恩將軍。三十八年，緣事革退。	

干圖 阿拜第四子。崇德六年，封三等奉國將軍。順治六年，晉三等鎭國將軍。八年，晉輔國公。十六年，卒。謚曰介直。

範圖　阿拜第五子。順治二年，封奉恩將軍。五年，卒。十年，追封輔國將軍，謚曰懷儀。

法喀　範圖第一子。順治九年，封三等輔國將軍。十七年，緣事降一等奉國將軍。康熙四十七年，卒。

法復　禮

塞德　宜

色本　臣

	鞏安 阿拜第六子。順治三年，封奉恩將軍。五
範圖 第二子。順治九年，封三等輔國將軍。康熙三十四年，因病告退。	圖薩 鞏安第二子。康熙七年，封三等輔國將
法復禮 第二子。康熙十四年，封三等奉國將軍。五十五年，卒。	塞爾都 圖薩第一子。康熙二十六年，封
塞德宜 第五子。康熙五十五年，襲奉恩將軍。六十一年，卒。無嗣。	格爾斐音 塞爾都第五子。康熙五十五年，

年，襲三等鎮國將軍。六年，晉輔國公。康熙二十一年，卒。		
軍。三十四年，因病告退。		
三等奉國將軍。五十五年，卒。		
襲奉恩將軍。雍正元年，卒。	格爾賓 塞爾都第六子。雍正三年，封奉恩將軍。乾隆十一年，卒。	
	瑤章 格爾賓第一子。乾隆十一年，襲奉恩將軍。三十五年，卒。	承宗 格爾賓第五子。
		慶瑤 承宗第一子。嘉

乾隆三十六年，襲奉恩將軍。嘉慶六年，卒。

慶七年，襲奉恩將軍。二十二年，因罪革爵，黜宗室。

托爾渾

塞爾都第七子。雍正三年，封奉恩將軍。乾隆五

	巴哈穆　鞏安第三子。康熙九年，封三等輔國將軍。五十六年，卒。	
	務鼐　巴哈穆第三子。康熙五十六年，襲三等奉國將軍。雍正元年，卒。	德爾弼　巴哈穆第六子。乾隆五
年，卒。		珠靈阿　德爾弼第四子。乾隆十
		景祿　珠靈阿第二子。嘉慶十年，襲奉
		定桂　景祿第二子。道光八年，襲奉恩

年，襲奉恩將軍。十六年，卒。		
七年，襲奉恩將軍。嘉慶十年，卒。		
恩將軍。道光八年，卒。		
將軍。十三年，卒。	玉柱 景祿第三子。道光十四年，襲奉恩將軍。同治十二年，卒。	玉岑 景祿子。光緒元年，襲輦
	承謙 玉柱第一子。同治十二年，襲奉恩將軍。光緒元年，卒。無嗣。	承卓 玉岑第一子。光緒二十
		文緒 承卓子。宣統二年，襲奉

灝善　阿拜第七子。順治六年，封三等鎮國將軍。八年，晉輔國公。康熙四十五

佛格　灝善第一子。康熙九年，封三等輔國將軍。三十四年，緣事革退。雍正二

瑚連　佛格第一子。康熙二十六年，封三等奉國將軍。雍正二年，緣事革退。

安一支之奉恩將軍。二十四年，卒。

四年，襲奉恩將軍。宣統元年，卒。

恩將軍。

年，卒。		
年，封鎮國將軍。尋緣事革退。十年，卒。	保格 灦善第二子。雍正二年，封奉恩將軍。十二年，卒。	善福 灦善第三子。康
		珠隆 善福第六子。雍
		普順 德敏第六子，珠

	熙十五年，封三等輔國將軍。雍正十二年，卒。
	正十二年，襲奉國將軍。乾隆二十五年，因病告退。
	隆嗣子。乾隆二十六年，襲奉恩將軍。嘉慶十五年，卒。
尚祿 灝善第四子。康熙十七年，封三等輔國將軍。三十四年，	

因病革退。乾隆八年，卒。	瑪錫禮 灝善第五子。康熙十九年，封三等輔國將軍。乾隆六年，卒。	
	德敏 佛格子，瑪錫禮嗣子。乾隆六年，襲三等奉國將軍。十四年，緣事革退。	
	順昌 德敏第二子。乾隆十八年，襲奉恩將軍。嘉慶五年，卒。	順勇 德敏第三子。嘉慶十一
	保秀 順昌第四子。嘉慶五年，襲奉恩將軍。十一年，卒。	保倫 順勇第一子。嘉慶十九
		海鸞 保倫子。
		定榮 海鸞子。道光十年，襲奉
		祥增 定榮第一子。光緒元年，

	薩穆當　灝善第七子。康熙二十年，封三等輔國將軍。雍正十二年，因病	
	西林　薩穆當第三子。雍正三年，封三等奉國將軍。乾隆四十六年，因病革退。	
年，襲奉恩將軍。十九年，因病告退。	富察　西林第一子。乾隆八年，封奉恩將軍。五十六年，卒。	富瑞
年，襲奉恩將軍。道光十年，卒。	慶雲　富察第二子。乾隆五十六年，襲奉恩將軍。嘉慶七年，卒。	祥敬
	特祥　慶雲第一子。嘉慶七年，襲奉恩將軍。道光三十年，卒。無嗣。	蘇勒
恩將軍。光緒元年，休致。		
襲奉恩將軍。		

告退。乾隆九年，卒。	
	伯祥　薩穆當第五子。雍正三年，封三等奉國將軍。乾
西林第五子。乾隆二十二年，封奉恩將軍。五十九年，因病告退。	廣寬　伯祥第一子。乾隆十年，封奉恩將軍。二十二年，
富瑞第一子。乾隆五十九年，襲奉恩將軍。道光二年，卒。	寬誠　廣寬第三子。乾隆二十八年，襲奉恩將軍。四十
保　祥敬第一子。道光二年，襲奉恩將軍。十一年，緣事革退。	武爾衮　寬誠第一子。乾隆四十五年，襲奉恩將

隆四年，因病告退。		
卒。	祥柱　伯祥第二子。乾隆十二年，封奉恩將軍。四十六年，卒。	廣普　伯祥第三子。乾
五年，卒。	明慶　祥柱第三子。乾隆四十六年，襲奉恩將軍。嘉慶十年，卒。	雙敬　廣普第二子。乾
軍。道光二十年，卒。無嗣。	吉陞　明慶第二子。嘉慶十三年，襲奉恩將軍。咸豐十年，卒。無嗣。	德克進　雙敬第

隆十四年，封奉恩將軍。四十六年，卒。

隆四十七年，襲奉恩將軍。嘉慶十四年，卒。

二子。嘉慶十五年，襲奉恩將軍。道光七年，卒。無嗣。

忠順 薩穆當第八子。雍正十三年，封奉恩將軍。乾隆三十一

伊克積善 忠順第一子。乾隆三十一年，襲奉恩將軍。三十

湯古代
太祖第

聶克塞
湯古代

年，因病告退。

二年，卒。

和克

積善
忠順第二子。乾隆三十二年，襲奉恩將軍。嘉慶十六年，緣事革退。

四子。崇德四年，封三等鎮國將軍。五年，卒。謚曰克潔。
第一子。崇德五年，襲三等奉國將軍。順治二年，以功封二等奉國將軍。四年，晉一等。六年，晉鎮國公。九年，緣事降輔國

公。尋又降三等輔國將軍。康熙五年，卒。無嗣。	穆爾察　湯古代第二子。封三等奉國將軍。崇德五年，襲三等鎮

國將軍。順治四年，晉二等。六年，卒。謚曰恪恭。

莽古爾泰

太祖第五子。天命元年，封貝勒。天聰六年，卒。以謀爲大

逆奪爵，子孫降爲紅帶子。	塔拜　太祖第六子。天聰八年，封三等輔國將軍。崇德四年，卒。順治十五年，追封輔國
	額克親　塔拜第二子。崇德四年，封奉國將軍。尋襲三等輔國將軍。順治元年，以
	額奇　額克親第一子。順治二年，封奉恩將軍。六年，晉輔國將軍。康熙二十一年，緣事

公，謚曰慤厚。

功晉二等。四年，晉一等。尋封輔國公。六年，晉鎮國公。七年，晉貝子。八年，因罪革爵，黜宗室。尋復入宗室。

革退。三十五年，仍封三等輔國將軍。尋卒。

度爾霸

額克親第二子。順治六年，封三等輔國將軍。康熙二十

巴甸紫

度爾霸第一子。康熙四年，封三等奉國將軍。二十三年，

五年，卒。		伯奇 額克親
緣事革退。	噶爾圖 度爾霸第四子。康熙十八年，封三等奉國將軍。三十六年，緣事革退。	阿爾巴

第三子。順治六年，封三等輔國將軍。康熙九年，卒。	
伯奇第二子。康熙十一年，襲三等奉國將軍。三十七年，緣事革退。	阿爾圖伯奇第六子。康熙十八年，封三

	伯爾赫宜 額克親第四子。順治六年，封三等輔國將軍。康熙二十八年，緣
等奉國將軍。三十七年，緣事革退。	伯爾森 伯爾赫宜第二子。康熙十七年，封三等奉國將軍。三十七年，緣

事革退。

事革退。

伯赫 額克親第八子。康熙八年，封三等輔國將軍。二十一年，緣事革退。

巴穆布爾善 塔拜第

巴爾岱 巴穆布爾善第

四子。崇德四年，襲三等奉國將軍。順治元年，以功晉二等。四年，晉一等。六年，晉三等鎮國將軍。八年，晉輔國公。康熙五

四子。順治十四年，封三等輔國將軍。康熙八年，以父罪革爵。

塞圖

巴穆布爾善第五子。順治十六年，封三等輔國

年，革爵。八年，以罪處死，子孫黜宗室。	拔都海　塔拜第六子。順治二年，封奉恩將軍。六年，晉三等鎮國將軍。八
將軍。康熙八年，以父罪革爵。	席爾圖　拔都海第一子。順治十一年，封三等輔國將軍。康熙元年，卒。

	年，晉輔國公。十七年，卒。謚曰恪僖。
博爾都	拔都海第三子。順治十七年，封三等輔國將軍。康熙八年，以罪革退。十九年，復原封。三十六年，卒。尋追
時通	博爾都第五子。康熙五十二年，襲三等奉國將軍。乾隆十六年，卒。
七福	時通第三子。乾隆十七年，襲奉恩將軍。五十五年，卒。

	喇都海 塔拜第七子。順治二年，封奉恩將軍。六年，卒。諡曰懷儀。	巴特瑪費揚武 塔拜第八子。順
削封爵。		巴爾善 巴特瑪費揚武第一子。
		增盛 巴爾善第四子。康熙二十年，封
		康泰 增盛第一子。乾隆二年，襲奉恩
		瑞松 康泰第四子。乾隆二十九年，襲
		長曉 瑞松嗣子。嘉慶十九年，襲奉恩
		佑錫 長曉第一子。嘉慶十九年，襲奉

治二年，封奉恩將軍。六年，卒。十年，追封輔國將軍。謚曰悼殤。		
初封輔國將軍。康熙八年，緣事革退。十九年，復封三等輔國將軍。三十四年，卒。		
三等奉國將軍。乾隆元年，卒。		永德
將軍。二十九年，因病告退。	慶泰 增盛第六子。康熙五十一年，封奉恩將軍。五十六年，卒。無嗣。	英靜
奉恩將軍。嘉慶十九年，因病告退。		瑞昌
將軍。尋卒。		
恩將軍。道光二十二年，卒。無嗣。		

巴爾善 第六子。康熙二十一年，封三等奉國將軍。三十六年，卒。	
永德 第一子。康熙三十六年，襲奉恩將軍。雍正二年，卒。	
英靜 第三子。雍正三年，襲奉恩將軍。乾隆五年，緣事革退。	瑞華 英靜第四子。乾隆五年，襲奉恩將軍。四十九年，
	如恆 瑞華第一子。乾隆五十年，襲奉恩將軍。嘉慶八

卒。

年，卒。無嗣。

格色泰　永德第四子。雍正二年，封奉恩將軍。乾隆二十四年，卒。

都爾濟　格色泰第七子。乾隆二十四年，襲奉恩將軍。六十年，以罪革爵處死。

德興　巴爾善

	阿巴泰 太祖第七子。天命十一年，封貝勒。崇德
	尚建 阿巴泰第一子。天聰四年，卒。順治十年，追封貝
	蘇布圖 尚建第一子。初封輔國公。順治三年，以
第七子。康熙二十四年，封三等奉國將軍。四十三年，因病告退。	顏齡 蘇布圖子。順治九年，封鎮國公。康熙四十年，卒。

元年，封饒餘貝勒。順治元年，晉饒餘郡王。三年，薨。康熙元年，追封饒餘親王，謚曰敏。		
子，謚曰賢愨。		博和託 阿巴泰
功，晉貝子。五年，卒。謚曰悼愨。	強度 尚建第二子。順治六年，封貝子。八年，卒。謚曰介潔。	翁古 博和託第一子。
無嗣。		博尼 翁古第一子。順

第二子。初封輔國公。順治元年，以功晉貝子。八年，卒。諡曰溫良。

初封輔國公。順治四年，卒。諡曰懷愍。

治四年，襲輔國公。六年，卒。無嗣。

錦柱

博和託第二子。初封輔國公。順治六年，卒。諡曰懷儀。無嗣。

佛克

齊庫 博和託第三子。順治六年，封貝子。十四年，卒。諡曰介潔。無嗣。	彰泰 博和託第四子。順治八年，封鎮國公。尋
	百綏 彰泰第一子。康熙七年，封鎮國公。二十

晉貝子。康熙二十九年，卒。	
五年，緣事降鎮國將軍。二十七年，緣事革退。	屯珠 彰泰第三子。康熙十一年，封鎮國公。二十七年，緣事降鎮國將
	安詹 屯珠子。
	逢信 富爾都子，安詹嗣子。康熙五十七年，襲輔國公。乾隆十二年，卒。
	盛昌 逢信第二子。乾隆十二年，襲輔國公。二十二年，緣事革退。二十
	慶怡 盛昌第一子。乾隆四十九年，封二等輔國將軍。五十二年，襲輔
	景綸 成綿子，慶怡嗣子。嘉慶十八年，襲輔國公。道光十九年，緣事革

軍。二十九年，襲鎮國公。五十七年，卒。追封貝子品級，謚曰恪敏。

謚曰恭恪。

三年，封鎮國將軍。尋晉輔國公。五十二年，卒。

國公。嘉慶十八年，卒。

退。

景崇 成綿子。道光十九年，襲輔國公。咸豐八年，緣事革退。

純堪 景錫子，景崇姪。咸豐九年，襲輔國公。光緒八年，卒。

麟嘉 純堪第一子。光緒九年，襲輔國公。二十七年，卒。

麟興 純堪第二子。光緒十五年，封二等輔國將軍。光

增培 麟嘉嗣子。光緒二十八年，襲輔國公。

		博洛 阿巴泰第三子。
		塔爾納 博洛第
	明瑞 彰泰第五子。康熙十九年，封鎮國公。三十七年，緣事革退。	
緒二十二年，卒。無嗣。		

崇德元年，封貝子。順治元年，以功晉貝勒。四年，晉端重郡王。六年，晉端重親王。七年，緣事降郡王。八年，復親王。九年，薨。	
四子。順治十四年，封郡王。尋薨。諡曰敏思。以父罪追削爵。	齊克新　博洛第八子。順治九年，襲端重親王。十

謚曰定。十六年，以罪追削爵謚。	岳樂 阿巴泰第四子。初封鎮國公。順治六年，以功晉貝勒。八年，襲郡	
六年，以父罪降貝勒。十八年，卒。謚曰懷恩。	瑪爾渾 岳樂第五子。康熙十六年，封世子。二十九年，襲安郡王。	
	華玘 瑪爾渾第四子。康熙四十九年，襲安郡王。五十八年，薨。謚曰節。	
	錫貴 華玘嗣子，華斌第二子。	
	岱英 錫貴子。追封輔國公。	
	布蘭泰 岱英子。嘉慶十年，襲輔國公。道光元年，卒。	
	恆明 布蘭泰第四子。道光元年，襲輔國公。咸豐十年，卒。	
	裕善 恆明第一子。道光二十四年，封奉國將軍。咸豐四年，卒。	裕安
	惠普 裕善第一子。咸豐四年，襲奉恩將軍。	

王，號曰安。十四年，晉安親王。康熙二十八年，薨。諡曰和。三十九年，緣事追降郡王，奪諡。

四十八年，薨。諡曰懿。

雍正元年，以岳樂罪不准襲爵。

恆明第二子。道光三十年，封奉國將軍。光緒元年，卒。無嗣。

裕恪

恆明第三子。咸豐十一年，襲輔國公。同治十二

意普

裕恪第二子。同治十二年，襲輔國公。

年，卒。

奇昆 錫貴子。乾隆四十三年，以阿巴泰、岳樂功，命奇昆襲輔國公。四十七年，卒。

崇積 奇昆第三子。乾隆四十七年，襲輔國公。嘉慶九年，緣事革退。

華斌 瑪爾渾第三子。

	色楞額　岳樂第八子。康熙十一年，封三等輔國將軍。三
康熙四十四年，封奉恩將軍。雍正十一年，緣事革退。	色痕圖　色楞額第一子。康熙二十六年，封三等奉國將
	熙文　色痕圖第二子。康熙五十年，封奉恩將軍。雍正三年，緣

十七年，卒。

軍。三十八年，襲二等。六十一年，緣事革退。

事革退。

綽爾 色痕圖第三子。康熙五十一年，封奉恩將軍。雍正元年，緣事革退。

色貝 色楞額第四子。康熙四

塞沖阿 色貝第十二子。

烏爾希松阿 塞沖阿

十四年，封奉恩將軍。乾隆十六年，卒。	務爾圖 色楞額第六子。雍正十年，封奉恩將軍。
乾隆十六年，襲奉恩將軍。五十八年，卒。	齡嵩 務爾圖第一子。雍正十三年，封奉恩將軍。乾隆
第二子。乾隆五十八年。襲奉恩將軍。嘉慶十九年，卒。無嗣。	達慶阿 齡嵩第一子。乾隆二十一年，封奉恩將
	伊崇額 達慶阿子。乾隆三十六年，襲奉恩將軍。

乾隆十五年，因病告退。

三十六年，因病告退。

軍。三十四年，卒。

四十四年，緣事革退。

賽布禮 岳樂第十六子。康熙十七年，封三等輔國將軍。四十七年，緣事革退。

經希

岳樂第十七子。康熙二十一年，封信郡王。二十九年，以父罪降鎮國公。五十六年，卒。

蘊端

岳樂第十八子。康熙二

	巴布泰 太祖第九子。崇德六年，封三等奉國將
	噶布喇 巴布泰第一子。初封三等奉國將軍。順
十三年，封勤郡王。二十九年，降貝子。三十七年，緣事革退。	**輝塞** 噶布喇第一子。順治八年，封三等鎮國將軍。康
	威塞 輝塞第一子。康熙七年，封三等奉國將軍。五十

軍。順治二年，晉一等。四年，晉輔國將軍。尋晉輔國公。八年，晉鎮國公。十二年，卒。諡曰恪僖。	
治四年，晉二等。六年，晉三等鎮國將軍。八年，晉輔國公。康熙十六年，卒。	
熙三十八年，卒。	
五年，卒。無嗣。	握內 輝塞第二子。康熙八年，封三等奉國將軍。二十九年，卒。
	杜穆德 握內第一子。康熙五十二年，封奉恩將軍。乾隆四年，卒。
	松年 杜穆德第四子。雍正十三年，封奉恩將軍。乾隆十九年，緣事革退。尋復原封。二十八年，復革退。

齊塞　輝塞第三子。康熙九年，封三等奉國將軍。四十五年，因病革退。	齊爾弼　輝塞第四子。康熙十一年，封奉國將軍。
甘笙　齊塞第一子。康熙三十六年，封奉恩將軍。四十三年，緣事革退。	

三十四年卒。無嗣。		
	齊穆布　噶布喇第二子。康熙五年，封三等輔國將軍。四十六年，緣事革退。	
	索達塞　齊穆布第一子。康熙二十年，封三等奉國將軍。四十四年，緣事革退。	
	寶善　索達塞第一子。康熙四十一年，封奉恩將軍。雍正十三年，因病告退。	
	沙爾伸　寶善第二子。乾隆元年，襲奉恩將軍。四十年，緣事革退。	佛常　寶善子。
		那爾愼　佛常子。
		松吉　那爾愼第一子。
		淸凱　松吉子。咸豐五
		聯福　淸凱子。光緒十

	寶良 索達塞第二子。康熙四十九年，封奉恩將軍。雍正十三年，卒。
	尙金 寶良第一子。乾隆元年，襲奉恩將軍。十年，卒。
乾隆四十一年，襲奉恩將軍。嘉慶七年，卒。	隆泰 尙金第一子。乾隆十年，襲奉恩將軍。五十八年，卒。襲次已盡，不
嘉慶七年，襲奉恩將軍。咸豐四年，卒。	
年，襲奉恩將軍。光緒十三年，卒。	
三年，襲奉恩將軍。	

襲。

裕英　索達塞第三子。雍正三年，封奉恩將軍。乾隆十八年，卒。

敬文　裕英第四子。乾隆十八年，襲奉恩將軍。三十五年，卒。無嗣。

寶德　索達塞第四子。雍正七年，封奉

恩將軍。十二年，卒。無嗣。	勒特渾 齊穆布第二子。康熙二十二年，封三等奉國將軍。六十一年，卒。	亨德 齊穆布
	昂阿圖 勒特渾第一子。康熙五十四年，封奉恩將軍。乾隆二十年，卒。	穆錫 亨德第
	經英 昂阿圖第五子。乾隆二十年，襲奉恩將軍。三十四年，卒。	
	嵩惠 經英第二子。乾隆三十六年，襲奉恩將軍。五十五年，卒。無嗣。	

	發度 噶布喇第四子。康熙十年，封輔國將軍。三十五年，以昭
	銘全 發度第一子。康熙三十九年，封三等奉國將軍。乾隆十
第三子。康熙二十四年，封三等奉國將軍。乾隆元年，卒。	和正 額 銘全第四子。乾隆十三年，襲奉恩將軍。嘉慶十
二子。雍正十三年，封奉恩將軍。乾隆四十年，緣事革退。	莊泰 和正額子。
	桓矩 莊泰子。嘉慶十四年，襲奉恩將軍。咸豐二年，緣事革退。

莫多軍功晉二等。四十年，緣事革退。五十一年，卒。	德儀 噶布喇第五子。康熙十七年，襲三等輔國將軍。四十一
二年，卒。	尚寶建 德儀第四子。康熙五十七年，襲奉國將軍。乾隆
四年，卒。	格圖肯 尚寶建子。乾隆二十一年，襲奉恩將軍。尋以罪

年，因病革退。		
二十一年，卒。	拉善 德儀第五子。雍正三年，封二等奉國將軍。乾隆二年，卒。	
處死，黜宗室。	勒克 拉善第一子。乾隆三年，襲奉恩將軍。四十六年，卒。	雙貴 拉善第二子。乾隆八年，封奉恩
		佛爾恆額 雙貴第一子。乾隆二十

將軍。二十三年，卒。		景安
四年，襲奉恩將軍。二十八年，卒。	蒙額圖　雙貴第三子。乾隆二十八年，襲奉恩將軍。嘉慶十六年，卒。	
	富康阿　蒙額圖第二子。嘉慶十七年，襲奉恩將軍。十八年，卒。	
	西林布　富康阿第一子。嘉慶十八年，襲奉恩將軍。二十年，卒。無嗣。	

	祜錫祿　巴布泰第三子。順治十三年，襲三等鎮
	富良　祜錫祿第一子。康熙二十六年，封三等輔國將
	尼雅翰　富良第二子。康熙三十九年，襲三等奉
拉善　第三子。乾隆九年，封奉恩將軍。二十四年，緣事革退。	佛照　尼雅翰第四子。雍正六年，襲奉恩將軍。九年，卒。

國將軍。康熙三十四年，緣事革退。	
軍。三十九年，卒。	
國將軍。雍正五年，卒。	舒圖 富良第三子。雍正三年，封三等
多義 尼雅翰第五子。雍正十年，襲奉恩將軍。乾隆四十一年，卒。	托禪 舒圖第二子。雍正五年，襲奉恩
翰額穆 多義第三子。乾隆四十三年，襲奉恩將軍。嘉慶十二年，卒。	倭克經額 托禪第二子。乾隆三十
魁秀 翰額穆第一子。嘉慶十二年，襲奉恩將軍。十七年，卒。	

奉國將軍。五年，卒。	斐新	富良第五子。雍正四年，封三等奉國將軍。乾隆六年，卒。
將軍。乾隆三十二年，因病告退。	多隆額	斐新第一子。雍正十三年，封奉恩將軍。乾隆二十一年，
三年，襲奉恩將軍。嘉慶二十五年，緣事革退。	祿興	多隆額第五子。乾隆二十一年，襲奉恩將軍。五十三年，卒。
	倭昇額	祿興第一子。乾隆五十五年，襲奉恩將軍。嘉慶十三年，
	福松阿	倭昇額第一子。嘉慶十四年，襲奉恩將軍。道光十九年，
	瑞慶	福松阿第三子。道光十九年，襲奉恩將軍。同治十二年，卒。
	連喜	瑞慶第一子。同治十二年，襲奉恩將軍。光緒三十二年，卒。
	裕德	連喜第一子。光緒三十三年，襲奉恩將軍。

卒。

卒。

卒。

哈富喀 富良第八子。雍正三年，封三等奉國將軍。八年，卒。

托錫 哈富喀第二子。雍正九年，襲奉恩將軍。乾隆三十九年，卒。

和倫泰 托錫第一子。乾隆四十年，襲奉恩將軍。五十六年，卒。

素興 和倫泰第二子。乾隆五十六年，襲奉恩將軍。嘉慶四年，卒。

秀良 素興第一子。嘉慶四年，襲奉恩將軍。咸豐三年，卒。襲次已盡，不襲。

德格類 太祖第十子。天

命十一年，封貝勒。天聰九年，卒。以謀逆發覺奪貝勒，子孫降紅帶子。	巴布海 太祖第十一子。初封鎮國將軍。

崇德八年，以罪並子阿喀喇處死。

阿濟格 太祖第十二子。天命十一年，以功封貝勒。崇德元年，以功晉武

和度 阿濟格第一子。初封輔國公。順治元年，晉貝子。三年，卒。無嗣。

傅勒

構孳

訥延

英郡王。順治元年，晉英親王。八年，以罪處死，其子孫降爲庶人。尋以其次子傅勒赫無罪，仍入宗室。乾隆四十三年，將	
赫 阿濟格第二子。順治二年，封鎮國公。八年，以父罪黜宗室，爲庶人。十七年，卒。十八年，復入宗室。康熙元年，追封	
傅勒赫第二子。順治十八年，封輔國公。康熙五年，卒。	綽克都 傅勒赫第三子。康熙四年，封輔國公。三十七年，
構孳第一子。康熙五年，襲鎮國將軍。六年，卒。無嗣。	素嚴 綽克都第一子。康熙二十一年，封輔國公。三十一年，卒。
	素拜 素嚴第三子。康熙三十一年，襲三等鎮國將軍。三十四

其後人伯爾遜等各支子孫列入宗譜。		
鎮國公。		
緣事革退。		
	興綬 綽克都子。追封輔國公。	
年，卒。無嗣。	九成 興綬子。乾隆十一年，襲輔國公。二十六年，緣事革退。	
	謙德 九成第四子。乾隆二十六年，襲三等鎮國將軍。三十二年，卒。無嗣。	順德 九成第七子。乾
		華英 順德第一子。嘉

隆三十二年，襲奉恩將軍。嘉慶元年，休致。	
慶三年，襲奉恩將軍。道光十年，緣事革退。	華德 碩臣子。道光十一年，襲華英之奉恩將軍。二十七年，卒。
	秀平 華德第一子。道光二十八年，襲奉恩將軍。咸豐五年，卒。
	良喆 秀平第二子。咸豐六年，襲奉恩將軍。光緒十六年，卒。
	隆煦 良喆第二子。光緒十六年，襲奉恩將軍。宣統元年，卒。
	存耀 隆煦子。宣統二年，襲奉恩將軍。

普照　綽克都第八子。康熙三十七年，襲輔國公。五十二年，緣事革退。雍正元年，以功復封輔國公。二年，卒。	經照
亨新　普照子。雍正二年，襲輔國公。十年，追論父罪，革爵。	璐達
	麟魁

	樓親　阿濟格第五子。原封親王，以罪削爵，賜自盡。
綽克都第九子。康熙五十二年，襲輔國公。雍正十年，緣事革退。	
綽克都孫，隆德子。雍正十年，襲輔國公。乾隆六年，卒。諡曰恭簡。	
璐達第一子。乾隆六年，襲輔國公。十年，緣事革退。	

賴慕布 太祖第十三子。順治二年，封奉恩將軍。二年，卒。十年，追封輔國公，諡曰介直。	多爾袞
來祜 賴慕布子。順治三年，襲奉恩將軍。尋封三等鎮國將軍。八年，晉輔國公。康熙八年，緣事革退。	多爾博
來度 來祜第三子。康熙六年，封三等輔國將軍。二十年，卒。	蘇爾發
扎昆泰 二等侍衛愛珠子。乾隆元年，襲來祜之奉恩將軍。二十二年，卒。	塞勒 蘇爾發
永武 扎昆泰第一子。乾隆二十二年，襲奉恩將軍。二十八年，卒。	齊努渾

太祖第十四子。以功封貝勒。崇德元年，晉睿親王。順治七年，薨。以罪追奪王爵，黜宗室。乾隆四十三年，復睿親王爵，諡	
多鐸第五子。順治十四年，封貝勒。康熙十一年，薨。乾隆四十三年，命爲多爾袞後。	
多爾博第二子。康熙十二年，襲貝子。三十九年，降鎮國公。四十七年，卒。乾隆十七年，追封信郡王。四十三年，追封睿	
第一子。康熙三十八年，封三等鎮國將軍。四十七年，襲輔國公。雍正七年，卒。乾隆二十七年，追封信郡王。四十三年，追	
塞勤第一子。雍正七年，襲輔國公。乾隆九年，卒。諡曰簡僖。	功宜布　塞勤第五子。乾隆九年，襲輔國公。十一
	如松　功宜布第三子。乾隆十一年，襲輔國公。二十七
	淳穎　如松子。乾隆三十六年，襲輔國公。四十三年，襲
	寶恩　淳穎第一子。嘉慶四年，封不入八分輔國公。六

曰忠，配享太廟。		
親王。		
封睿親王。		
年，卒。謚曰恪勤。二十七年，追封信郡王。四十三年，追封睿親王。		
年，襲信郡王。三十五年，薨。謚曰恪。四十三年，追封睿親王。		
睿親王。嘉慶五年，薨。謚曰恭。		
年，襲睿親王。七年，薨。謚曰愼。	禧恩 淳穎第二子。嘉慶七年，封鎭國將軍。道光十二年，晉不入八分輔國公。二十六	
	榮壽 禧恩第一子。道光六年，封輔國將軍。同治四年，卒。	崇壽 禧恩第四子。道
	克誠 榮壽第一子。同治五年，襲二等奉國將軍。六年，卒。無嗣。	

年，緣事降鎮國將軍。咸豐二年，卒。		
光十八年，封三等輔國將軍。二十九年，卒。無嗣。	徵壽　禧恩第五子。道光二十四年，封輔國將軍。同治四年，卒。	興壽
	琳誠　徵壽子。同治四年，襲二等奉國將軍。光緒二十七年，卒。	德寬
	文斌　琳誠第一子。光緒二十八年，襲奉恩將軍。	

	惠恩　淳穎第三子。嘉慶十年，封二等鎮國將軍。十三年，降三
禧恩第八子。咸豐六年，封輔國將軍。同治八年，卒。	安壽　惠恩第一子。道光九年，封三等輔國將軍。同治十年，卒。
興壽第五子。同治八年，襲奉國將軍。光緒十年，卒。無嗣。	惟誠　安壽第一子。同治十年，襲三等奉國將軍。光緒二年，卒。

等。尋卒。	端恩淳穎第四子。嘉慶七年，襲睿親王。道光六年，薨。謚曰勤。	
	仁壽端恩第六子。道光六年，襲睿親王。同治三年，薨。謚曰僖。	
無嗣。	德長仁壽第三子。咸豐七年，封二等鎮國將軍。同治四年，襲睿親王。光緒二年，薨。謚曰慤。	德隆仁壽第
	魁斌德長第四子。光緒二年，襲睿親王。	

四子。同治七年，封二等鎮國將軍。光緒二十一年，卒。無嗣。

德岫

仁壽第六子。光緒六年，封鎮國將軍。宣統二年，

文光

德岫子。宣統二年，襲鎮國將軍。

卒。

德崐 仁壽第七子。光緒十二年，封二等鎮國將軍。三十年，卒。

文華 德崐子。光緒三十年，襲輔國將軍。

德鋼 仁壽第八子。光緒三年，封二等鎮國將軍。十年，卒。無嗣。

裕恩 淳穎第六子。嘉慶十四年，封二等鎭國將軍。道光二十五年，卒。無嗣。

吉恩 淳穎第八子。嘉

岳壽 吉恩子。道光二

慶十七年，封三等鎮國將軍。同治七年，卒。

十四年，封三等輔國將軍。光緒十一年，卒。無嗣。

謙恩

淳穎第九子。嘉慶二十一年，封二等鎮國將軍。咸豐七年，卒。無

	多鐸 太祖第十五子。初封貝勒。以功賜號額爾克楚虎爾。崇德元年，封豫親王。四年，緣事降貝勒。七年，晉豫	
	多尼 多鐸第二子。崇德七年，封郡王。順治六年，襲親王，賜號曰信。順治九年，坐父罪降郡王。十八年，薨。諡曰	
	鄂扎 多尼第二子。順治十八年，襲信郡王。康熙四十一年，薨。	
	扎爾布 鄂扎第一子。康熙二十五年，封三等奉國將軍。四十年，卒。	德昭 鄂扎第五子。康
	基綬 扎爾布第一子。康熙四十年，襲奉恩將軍。雍正十年，卒。	華齡 德昭第二子。乾
	茂惠 基綬第二子。雍正十年，襲奉恩將軍。乾隆二十四年，卒。	
	盛福 茂惠第一子。乾隆二十四年，襲奉恩將軍。五十三年，卒。	
嗣。	哲崇額 盛福第一子。乾隆五十三年，襲奉恩將軍。道光十四年，卒。	
	賡瑞 哲崇額第一子。道光十四年，襲奉恩將軍。光緒二十五年，卒。襲次已盡，不襲。	

郡王。順治元年，復晉豫親王。二年，以功加德豫親王。四年，加封輔政叔德豫親王。六年，薨。九年，坐多爾袞罪，追降郡王，	
宣和。	
熙四十五年，襲信郡王。乾隆二十七年，薨。謚曰恪。四十三年，追封豫親王。	
隆十一年，封奉恩將軍。二十五年，緣事革退。	修齡　德昭第十五子。乾隆三十六年，襲信郡王。四十三年，以多鐸戰
	裕豐　修齡第一子。乾隆五十一年，襲豫親王。嘉慶十九年，緣事革爵。

諡曰通。乾隆四十三年，復豫親王。以佐命殊功，配享太廟。

功爲開國諸王之最，追復親王，令修齡仍襲豫親王。五十一年，薨。諡曰良。

裕瑞	裕興
修齡第二子。乾隆六十年，封不入八分輔國公。嘉慶十八年，緣事革退。	修齡第三子。乾隆六十年，封不

裕全 修齡第五子。嘉慶四年，封不入八分輔國公。二	入八分輔國公。嘉慶十九年，襲豫親王。二十五年，緣事革退。
義道 裕全第二子。道光二十一年，襲豫親王。同治七	
本格 義道第一子。同治七年，襲豫親王。光緒二十四	
懋林 盛照子，本格嗣子。光緒二十五年，襲豫親王。	

十五年，襲豫親王。道光二十年，薨。諡曰厚。

年，薨。諡曰慎。

年，薨。諡曰誠。

義閔

裕全第三子。道光三十年，封二等鎭國將軍。咸豐七年，卒。無嗣。

義寶

裕全第四子。咸豐元年，

		鄂明
		扎克
	英齡德昭第十六子。乾隆三十五年，封奉恩將軍。嘉慶三年，卒。	瑪察
	福祥阿英齡第二子。嘉慶四年，襲奉恩將軍。十年，卒。	保綱
封二等鎮國將軍。同治四年，卒。無嗣。	咸宜福祥阿第一子。嘉慶十年，襲奉恩將軍。咸豐八年，卒。無嗣。	博爾

多尼第四子。康熙九年，封三等奉國將軍。三十八年，卒。	
丹 鄂明第一子。康熙三十九年，襲奉恩將軍。六十年，卒。	扎拉芬 鄂明第五子。康熙五十一年，封奉恩將
扎克丹第一子。康熙六十一年，襲奉恩將軍。乾隆十一年，卒。	濟昌 扎拉芬子。
瑪察第一子。乾隆十一年，襲奉恩將軍。二十三年，卒。	慶麟 濟昌嗣子。乾隆二十五年，襲奉恩將軍。五十六
和 保綱嗣子。乾隆二十四年，襲奉恩將軍。四十四年，卒。	

	察尼　多鐸第四子。順治十二年，封貝勒。康熙十九年，緣事革爵。二十七年，卒。以輔國公品級
	查達　察尼第一子。康熙十年，封奉恩將軍。四十三年，緣事革退。雍正二年，復封奉恩將軍。乾
軍。乾隆二十五年，卒。	
年，卒。	

殯葬，諡曰恪僖。		洞鄂　多鐸第七子。順治十八
隆十三年，卒。	德福　察尼第五子。康熙十五年，封奉恩將軍。三十七年，緣事革退。	鄂齊禮　洞鄂第一子。康
		鄂泰　鄂齊禮第三子。康熙五

年，封貝勒。康熙十六年，以無軍功革退。四十二年，襲信郡王。四十五年，薨。

熙三十七年，封奉國將軍。乾隆四年，卒。

十一年，封奉恩將軍。雍正四年，緣事革退。

費揚阿

鄂齊禮第五子。康熙五十一年，封奉恩將軍。五十八年，

		查庫齊洞鄂第十六子。
卒。無嗣。	積善鄂齊禮第十五子。乾隆五年，襲奉恩將軍。二十年，卒。	貝和珠查庫齊第二子。
	烏爾恭阿積善第二子。乾隆二十年，襲奉恩將軍。四十六年，因病革退。	
	慶碩烏爾恭阿第二子。乾隆五十年，襲奉恩將軍。嘉慶元年，卒。無嗣。	

雍正九年，封三等奉國將軍。乾隆十四年，緣事革退。十六年，卒。

乾隆八年，封奉恩將軍。二十七年，緣事革退。

綽和諾

查庫齊第四子。乾隆十二年，封奉恩將

愛新泰

綽和諾第一子。乾隆四十年，襲奉恩將

明智

愛新泰第一子。嘉慶三年，襲奉恩將軍。十八年，

誠永

明智第一子。嘉慶十九年，襲奉恩將軍。同治十

	費揚古　多鐸第八子。康熙二年，封三等奉國將軍。五十一年，晉輔國公。五十八年，緣事	
	畢喇席　費揚古第二子。康熙十一年，封奉恩將軍。雍正四年，卒。	
軍。三十九年，卒。	訥延　畢喇席第八子。雍正三年，封奉恩將軍。乾隆二十四年，因病告退。	巴延　畢喇席
軍。嘉慶三年，卒。	達福　訥延第二子。乾隆二十四年，襲奉恩將軍。嘉慶元年，卒。無嗣。	尙福　巴延第
因病告退。		
二年，卒。襲次已盡，不襲。		

革退。雍正元年，卒。

第九子。雍正三年，封奉恩將軍。八年，卒。

一子。乾隆八年，襲奉恩將軍。三十二年，卒。

達喜

巴延第二子。乾隆三十二年，襲奉恩將軍。四十五年，卒。無嗣。

		詹布	費揚古第五子。康熙三
世照	畢喇席第十三子。雍正四年，封奉恩將軍。乾隆二十四年，卒。	岳和	詹布第七子。乾隆九年，
永明	阿 世照第六子。乾隆二十五年，襲奉恩將軍。嘉慶十八年，緣事革退。	敍恆	岳和第三子。乾隆四十
		色克星額	敍恆第一子。嘉
		吉泰	色克星額第一子。道光

十三年，封奉恩將軍。乾隆九年，卒。		遙努 費揚古第六子。康熙三
襲奉恩將軍。四十六年，因病告退。		根英 遙努第一子。康熙四十
八年，襲奉恩將軍。嘉慶二年，卒。		
慶三年，襲奉恩將軍。道光元年，卒。		
二年，襲奉恩將軍。同治三年，卒。	吉謙 色克星額子。	
	文英 吉謙子。同治四年，襲奉恩將軍。光緒十年，卒。	
	裕誠 文英第二子。光緒十一年，襲奉恩將軍。	

十八年，封奉恩將軍。四十四年，卒。

五年，襲奉恩將軍。乾隆四年，卒。

費揚果

太祖第十六子。太宗時，獲罪正法，子孫降爲紅帶子。